ごはんできたよ！今日、
何作ろう!? 何食べる!?
ある日の献立、つまみと
おかずとごちそう、〆も
一五〇品

飛田和緒

はじめに

家族に、ときどきやってくる友人たちに、あるいは仕事仲間のみなさんに、1日に何度、この言葉をかけることでしょう。

「ごはんできたよー!」

人が集まるときのごはんだからといって、何か特別な準備をすることはなく、基本的にはいつも家族と食べている料理と同じ。

ですが、ただただ、おいしくごはんを食べてもらうために、料理や献立を考えます。そうすると、目新しいレシピでなくとも日々の食卓とは様子が変わります。それは、ちょっと贅沢な素材の使い方だったり、おなじみの食材の新たな組み合わせを試すことだったり。グラスを磨いたり、食器を見直してみたり。器から料理を思いついたりすることがあるのはそんなとき。いつもの食卓が、ハレの日の食卓へと変化を生んでくれます。

毎日のわが家のごはんはとても質素。でも、時間に余裕があるときの週末、仕事が一段落した日、地元の海で揚がった活きのいい魚やはしりの食材が手に入った日、母の料理を思い出した日にはスイッチが入り、家族のために腕をふるう。

ひたすら餃子の日、手巻きずし、鍋やカレーの献立は、家族とのそんな食卓から生まれたも

の。この献立の日には夫も娘も早く帰ってくるくらい、楽しみにしてくれている。

ならばお客様のときにも同じようにやってみたらどうだろう。

粉まみれになりながら餃子包みに夢中になっていた友人たちや、地魚の手巻きずしが食べたいと集まってくれる仕事仲間たちとの会。昼飲みや海で遊んだあとの献立などは、こうしたラフなもてなしから生まれました。

家族でもお客様でも変わりなく、おいしい食卓を囲むことはとても幸せな時間だし、何より喜んでもらえるとしみじみうれしい。

この本の献立やレシピは、普段の家族のごはんではなく、ほんの少し特別なごはんの時間を過ごすためのものです。

うちに来ておなかをすかせている人がいたら、おなかいっぱいごはんを食べてもらいたい。腹ペコで来てほしい。リクエストもおおいに大歓迎。

本書にはそんなわたしのごはん作りのあれこれが詰まっています。

"ある日の献立"では、家族とのごはんにも、お客様が来たときにもヒントにしてほしい、コース料理的なメニューをまとめました。

「ひたすら餃子の日」「アジづくしの日」など、テーマに合わせて、前菜を数品、メイン、〆という具合に、いくつかの料理を組み合わせています。

今日、何作ろう!?と悩んだときは、テーマから気分に合わせて献立を引いてもらうと、それに沿った料理が並んでいるというわけです。

もうひとつ、"ごはん作りの知恵"とは、今までごはんを作ってきたなかで便利だったことや考え方をもとに、アラカルト的な料理を紹介したもの。

そんなにかしこまらなくてもなんとかなるよという思いも込め、私の楽観的な思考から生まれたレシピを、いくつかの項目とともにまとめました。

例えば、「ものは言いよう」では、薄切りにしただけのきゅうりも盛りつけと味つけ次第で"カルパッチョ"になるとか、「果物でひと皿・秋」でしたら、柿やりんごなど、秋の果物をメインに使った料理といったふうに。

友人が来る日や家族とのんびり過ごす1日、どんなごはんを作ろうかな!?と思ったら、"ある日の献立"を。冷蔵庫にある食材の活用や日々のアイデアは、"ごはん作りの知恵"から。

もちろん、どこから作っても、どれを選んで組み合わせていただいても自由。みなさんのお好きなスタイルで料理を作ってみてください。

"ごはんの支度にまつわるエトセトラ"は、誰かが来る日や家族みんながそろうごはんの日のヒントになればと思います。

誰かの「おなかがすいた」の声が聞こえたら、即、台所に立つ→冷蔵庫をあける→お湯を沸かす。さあ今日は何作ろう。

二〇二一　秋深まる頃に　飛田和緒

4

目次

ごはん作りの知恵

料理の前に

◉ 計量の単位は、大さじ1＝15ml、小さじ1＝5ml、1カップ＝200ml、1合＝180mlを表します。カレースプーン＊杯ほどといった計量も出てきますが、それはあくまでも目安で、好みの分量でどうぞという意味でもあります。

◉ 調味料は普段使っているもの、好みのものを使用してください。本書では、塩は自然塩、砂糖は特に表記がない限り精製していないもの、しょうゆとみりんは昔ながらの本醸造のもの、酒は料理酒ではなく普通に飲んでいるもの、みそは自家製のものを使用しています。こしょうは黒こしょう、または粗びき黒こしょうを使っています。

◉ 油は特に指定がない場合は好みのものを使ってください。本書では炒め物、揚げ物は米油を使用しています。

◉ だし汁は特に指定がない場合は、好みのもの、または昆布とかつおのだし汁を使用してください。

◉ 火加減は特に表記していない場合、中火を表します。

◉ 野菜の皮やヘタ、種などは特に表記していない場合、むいたり、取り除いていることを前提にしています。

◉ 油なしでフライパンを使うレシピがありますが、フライパンによっては油を少しなじませて使用してください。

◉ 卵はLサイズを使用しています。

◉ 電子レンジは500Wのものを使用しています。調理時間はレシピを目安に、ご使用のレンジのW数に合わせて調整してください。

パルミジャーノレジャーノと
オリーブのオリーブオイル漬け

パルミジャーノレジャーノやペコリーノなどのチーズが残った
ら小さなひと口大に切ったり、割ったりしてオリーブとともに
瓶に入れ、オリーブオイルをひたひたに注いで漬けておきます。
そうすると、わりと長持ちするし、お酒のつまみにもぴったり。
ハーブはそのときあるもので。わが家では庭のタイムやオレガ
ノをよく使います。
クリームチーズをみそやしょうゆに漬けたり、おかかと梅とあ
えたり。プロセスチーズにのりをくるんと巻いたり、みそをちょ
んとつけて食べたりも。前菜にも、小さなつまみにもなってい
いですよ。

人が来るときの最初のひと皿。まずは何を出したらいい!? やっぱり前菜的なもの!? といった質問や相談をよく受けます。

わたしの場合は、だいたい切って盛るだけのものをまずはお出しすることが多いです。そして最初の1杯。ビールでも、シャンパンでも、ジュースでも、そのときの会の目的やメニューによっても異なりますが、なんとなく今日の最初の1杯はこうかしら?と考えて、それに合わせてオリーブオイルとハーブに漬けておいたチーズやオリーブ、オリーブオイルとバゲットだけなどを「まずはこれ食べといてね」という感じに。

おいしいお魚や野菜が手に入ったときは、ただ食べやすく切って、オリーブオイルと塩を添えたりも。見た目の華やかさはないけれど、いつも家族にもしているようにもてなします。

白菜の漬物やぬか漬けをのりで巻いて食べたり、たくあんで冷酒とか、そういうものを前菜的なひと皿にすることも。とはいえ、オープンキッチンのわが家では、待ちきれないみんなが切ったそばから食べちゃうので、盛りつけしている間がないときもありますが（笑）。でも、家でのことですから、そのくらいラフなほうが気楽でいいと思っています。

オリーブオイルとバゲット

このときのオリーブオイルはぜひお気に入りのものを出してください。もちろんバゲットも。至極シンプルなものほど味も香りもよりわかるので、何もしない代わりと言ってはなんですが、そこは奮発していいのでは、と思っています。

昼飲み

休日の昼間、のんびりと一杯飲みながら家族と過ごす。
仕事から解放され、あとの予定が入っていない、子どもの
送り迎えもない、至福のとき。
前菜をつまみながら、もっと何か食べたいねって、また台
所に立ってパスタをゆでたり、サンドイッチを作ったり。
グラス片手にテーブルと台所を往復するのもいいもんです。
前菜だけで満足して、家族おのおのが自分の時間に突入し
ていく日もある。昼寝をする、映画を観る、本を読む。
ある日のそんな自由な昼飲み。

誰かがうちに来るときは、段取りよく準備することのほかに、
"お客さんを驚かせたい"という気持ちでメニューを考えます。
いつもの献立や、知っていそうな料理のなかに
珍しい食材や調味料をとり入れたり、
普段あまり食べられないようなものをひとつ入れるとか、
野菜の切り方を変えてみるとか。組み合わせの妙だったり、
自分を盛り上げるためにも、「わ！ これおいしい」
「え！ これなぁに？」と言った会話が生まれる料理を作ること。
そういうことも大事にしています。

レタスサラダ

◉材料（4人分）

レタス　1/2個
イタリアンパセリ　2枝
塩　小さじ1/4くらい
レモン　1/4個
オリーブオイル　大さじ3

◉作り方

1　レタスは芯の部分をつけたまま4等分のくし形切りにする。イタリアンパセリは粗く刻む。

2　レタスの形をくずさないように器に盛り、イタリアンパセリをちらす。塩をふり、レモンを搾ってオリーブオイルをまわしかける。

ひよこ豆のポタージュ

● 材料（カップ 4個分）
ひよこ豆（ゆでたもの）　150g
玉ねぎ　1/2個
バター、オリーブオイル　各大さじ1
ひよこ豆のゆで汁　適量
塩　小さじ1/4強
● 作り方
1　玉ねぎは薄切りにする。
2　鍋にバターとオリーブオイルを熱し、1を入れて炒める。しんなりしたらひよこ豆を飾り用に4粒とりおき、ゆで汁1カップとともに加え、ハンドブレンダーなどで攪拌する。途中、様子を見てゆで汁をさらに加え、好みの濃度に調節する。
3　弱火で静かに温め、塩で味をととのえる。器に盛り、2でとりおいたひよこ豆をあしらう。
● メモ　ひよこ豆はかぶるくらいの水に浸してひと晩もどしてからゆでる。豆がすっかりやわらかくなるまで1時間ほどゆでて、ゆで汁と豆に分ける。1袋丸ごと一度にゆで、使わない分は小分けにして冷凍しておくと便利。

やみつきバゲット

◉材料（4人分）
バゲット　1本
発酵バター（食塩不使用）　適量
アンチョビフィレ　8枚
ブリーチーズまたは
　　カマンベールチーズ　100g
あんずジャム　適量

◉作り方
1　バゲットは2cm幅の斜め切りにする。
2　1の半量にバターを厚め切ったものとアンチョビをのせる。残りの半量にチーズを適当な大きさに切ってのせ、あんずジャムをのせる。

◉メモ　バゲットは焼きたてなら、そのまま。1日くらいたったものは軽くトーストして具材をのせます。

チキンソテー　フレッシュトマトソース

●材料（2〜3人分）

鶏もも肉　2枚（約500g）

塩、こしょう　各適量

A
- トマト（さいの目に切る）　1個
- レモン汁　小さじ2
- バルサミコ酢　小さじ1/2
- はちみつ　少々

●作り方

1　鶏肉は水けをペーパータオルでよくふき取って余分な脂を取り除いて、両面に塩（肉の重さの1%）、こしょうをふる。

2　フライパンに1を皮目を下にして入れ、火にかける。底が平らなバットなどの容器をのせ、押しつけるようにして皮面が香ばしく焼けるまでしばらくそのまま動かさずに焼く。皮目にしっかり焼き目がつき、肉の部分がほぼうっすら白っぽくなってきたら返し、もう片面も焼く。食べやすい大きさに切って器に盛る。

3　同じフライパンにAと鶏肉を切ったときに出た肉汁を合わせ入れ、ひと煮して2にかける。

●メモ　鶏肉を焼くときは皮面に焼き目をつけながら全体の8割方火を通し、片面はさっと焼く程度にすると皮はカリッと香ばしく、反対の面はふっくら焼ける。

おうちにある野菜をせん切りにしただけでごちそう感が出るサラ
ダ、きゅうりを薄切りにして平たく盛りつけてカルパッチョ風、い
ろいろな色のトマトを切ってマリネするだけの彩りも楽しいカル
パッチョなど、"ものは言いよう"です。
切り方を変えるだけで、たいしたことはしていなくても、きれい！
おいしそう！の声が上がるわたしの秘蔵っ子レシピ。どれもあまり
に簡単で、レシピと言うほどではありませんが、はじめのひと皿や
箸休めになりやすいものばかりですので、参考にしてみてください。

ものは言いよう

なんでもせん切りサラダ（4人分）

1　大根 250g、にんじん 100g、きゅうり 100g、じゃがいも（メークイン）2 個はそれぞれせん切りにする。
2　1 のじゃがいもを沸騰した湯でさっとゆで、冷水にとってざるにあける。
3　ボウルにせん切りにした野菜を入れ、塩小さじ 1/2、魚醤小さじ 1、落花生油大さじ 1 を加えてよく混ぜる。レモン汁 1/2 個分をまわしかけ、さっと混ぜる。
◎ メモ
・じゃがいもはシャキシャキ感を出したいのでメークインがおすすめ。
・油を変えるだけでまた違った印象を楽しめるので、オリーブオイル、ごま油などでも試してみてください。

彩りトマトのカルパッチョ

1 　ミニトマトをお好きな量用意し、半分または4等分に切ってボウルに入れる。

2 　塩、こしょう、オリーブオイル各適量を加えて軽く数回混ぜ、トマトの汁けが出るまで10分ほどおく。好みで白ワインビネガーや酢を加えても。

3 　器に盛り、オリーブオイルをさらにまわしかける。

きゅうりのカルパッチョ（4人分）

1　きゅうり1本はごく薄切りにし、皿に平たく盛りつける。

2　ピンクペッパー適量を指でつぶしながらちらす。

3　イタリアンパセリ適量は細かく刻んで、全体にふる。

4　塩ひとつまみ強をふり、レモン汁1/4個分をまわしかける。

○メモ

・家族3人できゅうりが1本しかないってときによく作るもの。意外と人気なんです。

・ピンクペッパーの使い方は、こしょうと同様。わが家では目玉焼きやチーズトーストの上にひいたりも。味わいはもちろん、見た目的にもひと役買ってくれる調味料です。

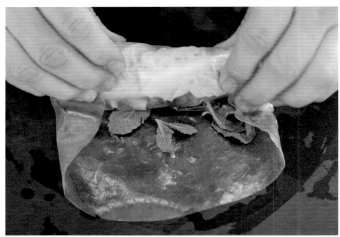

サラダ生春巻き

1　ミントは葉を摘む。青じそは茎を切る。サラダ菜、青じそは水けをペーパータオルでふき取り、葉物は1枚ずつにしておく。きゅうりは半分の長さに切ってから縦4〜6等分に切る。万能ねぎは長めに切る。もやしはできる限りひげ根を取る。えのきたけとしめじはそれぞれ石づきを落とし、耐熱容器に入れ、ふんわりラップをかけて電子レンジで3〜5分ほど加熱する（すべて分量は適量）。

2　生春巻きの皮を水でさっとぬらし、ミントと青じそ以外の具材を適量ずつのせる。両端を折りたたみながらきつく巻き、巻き終わりの手前にミントか青じそをおいて巻き込む（緑が透けて美しい仕上がりになる）。

3　魚醤（ナンプラーでも）にレモン汁、砂糖、水を好みの分量で合わせ、ピーナッツを砕いたものを加えたタレと、スウィートチリソース（市販）などをつけて食べる。

●メモ

・皮が乾く前に、巻いたらすぐに食べて！

・キムチや白菜漬けなどの漬物を生野菜といっしょに巻いてもよし。

・具材を用意しておき、みんなで巻いて食べるのも楽しいです。

あるもので揚げ春巻き（春巻きの皮ミニ6枚分）

1　豚ひき肉20gはそのまま、もやし1/5袋くらいはできる限りひげ根を取る。ゆでたけのこ60gは細切りにする。じゃがいも1個はくし形に切り、耐熱容器に入れてふんわりラップをかけて電子レンジでやわらくなるまで加熱する。

2　春巻きを3種作る。1つめは春巻きの皮にひき肉を指でぬるようにして薄くのせ、塩を軽くふる。もやしをのせて両端を折りたたみながら巻く。薄力粉に水を加えてかために溶いたものを端につけてとじる。2つめはゆでたけのこ

をのせ、塩を軽くふって木の芽をたっぷりのせて巻く。3つめはじゃがいもと溶けるチーズ適量をのせて巻く。

3　巻いたらすぐに160℃の揚げ油できつね色になるまで揚げる。

● メモ　加熱していない具材を巻いているので、時間がたつとしんなりしてきますから、揚げたてをほおばって。作り方は簡単だけれど、その代わり早く食べてねという条件つきの揚げ春巻きです。具材だけ用意し、お客様の前で包みながら揚げるくらいの勢いでやりましょう。

あるものでのり巻き天 (2本分)

1　にんじん 1/2 本はせん切りにする。油揚げ 1 枚は包丁を差し込んで開き、半分に切る。豚バラ薄切り肉 (ロース肉でも) 4 枚、甘酢しょうが (紅しょうがでも) 30g を用意する。

2　焼きのり 2 枚を半分に切って、2 切れを重ねる。油揚げと豚肉を等分に重ねおき、肉に軽く塩をふる。にんじん、甘酢しょうがを等分に重ねおき、きつく巻く。薄力粉に水を加えてか

ために溶いたものを端につけてとじる。

3　天ぷら粉と水各適量を合わせて溶いた衣に 2 をくぐらせ、170℃の揚げ油で 4 分ほど揚げる。

● メモ　衣は薄くつけても、ぽってりつけてもお好みでどうぞ。具材は普段食べなれているものでも、巻いて揚げることでごちそう感が出ます。甘酢しょうががいい仕事をしてくれますので、何もつけず揚げたてをパクッとどうぞ。

ひたすら
餃子の日

餃子

◉ 材料（100 個分）

A
- 豚ひき肉　500g
- 玉ねぎ（みじん切り）　2 個
- 片栗粉　大さじ 2
- 塩　小さじ 1
- こしょう　適量
- ナンプラー　大さじ 1
- ごま油　大さじ 2

餃子の皮　4 袋（25 枚入り）

油　適量

◆ にらダレ（作りやすい分量）
- にら（小口切り）　1 束
- しょうゆ　大さじ 5
- 酢　大さじ 2
- 砂糖　大さじ 1
- しょうが（みじん切り）　1 片

◆ 梅しそダレ（作りやすい分量）
- 梅肉　2 個分
- 青じそ（せん切り）　1 束（10 枚くらい）
- みりん　少々

◉ 作り方

1　ボウルに A を合わせ入れ、手でよく混ぜる。少しとり、ゆでるか電子レンジで加熱するなどして肉だねの味見をする。

2　1 の肉だねを餃子の皮に適量のせ、皮の端に水を少しつけて半分に折り、ひだを寄せて包む。

3　バットに片栗粉（分量外）を薄くふり、包んだそばから 2 を並べる。

4　フライパンに油を熱し、3 を外側から放射状に並べ入れる。真ん中の空いたところにも並べる。焼き目がついたら餃子の高さ 1/4 くらいまで水を注ぎ入れ、ふたをして蒸し焼きにする。餃子の皮が透明になって中の肉が透けてきたら、ふたを取って水分をとばしながら、底面をしっかりカリッと焼き上げる。焼き目が薄かったら、油を足して強火にし、焼き目をつける。

5　それぞれのタレの材料を混ぜ合わせ、好みのタレで食べる。

◉ メモ

・餃子の会の日は、みんなで飲みながら包みます。ある程度包めたら、ホストが焼きに行って、それを食べて、また包む。そんなふうにして、作ることも楽しんでもらっています。

・レシピのタレの他に、しょうがのせん切りをのせたり、柑橘類を搾ったり、みんなが好きな組み合わせを楽しみながら食べると、会話も弾みます。

・たねの味つけを疎かにすると、食べたとき、ぼんやりした味になってしまいます。餃子はどちらかというと、皮が主役。たねの味つけがしっかりしていることでいい塩梅になるのです。

このレシピの肉だねは、野菜を玉ねぎのみにし、タレでアクセントをつけるスタイルにしました。焼売の皮に包んで、焼売にしてもよい肉だね。

餃子は各人の包み具合で、肉だねが多かったり、少なかったり、もちろんひだをうまく寄せられないこともある。それぞれの餃子をあーでもない、こーでもないと言いながら食べるのがこの会のお楽しみ。こういう会でまわりを見ながら肉の分量を調節できる人なんていない！

だから、肉だねが余る、皮が余るは仕方がないけれど、なるべくちょうどよくおさまるようにしたいときはホストが様子を見ながら、最後やせっぽちの餃子になろうが、詰め込んでひだが寄せられない餃子になろうが、なんとか帳尻を合わせるようにします。

今回の撮影ではわたしがそれをしてなかったから、皮がずいぶんと余った。Ａちゃんの餃子がとても太っていたのにあとで気がつくが、まあ、それもよし！と思いながら餃子をほおばる。

肉だねが余ったときにはそのまま肉団子にしてスープに入れたり、焼いて食べます。余った皮は適当な大きさに切って汁ものの具として煮てすいとん風にしたり、細切りにしてパスタ代わりに汁ものやスープに入れます。またはパリパリに素揚げしてサラダのトッピングにも。

皮についた粉でビールのグラスが曇るのも、ご愛嬌。おしぼりを用意してもよかったけど、いつも粉まみれでやってます。

◎ 箸休めに、もやしでいろいろ

もやしのナムル

● 材料（作りやすい分量）
もやし　1袋（200g）
A
　おろしにんにく　ほんの少し
　塩　小さじ1/4
　ナンプラーまたは薄口しょうゆ　少々
　ごま油　小さじ2
　白すりごま　小さじ1
● 作り方
1　もやしはできる限りひげ根を取ってから、冷水に放ってよく洗い、ざるにあける。
2　耐熱容器に厚手のペーパータオルを敷いてもやしをのせ、ふんわりラップをかけて電子レンジで5分ほど加熱する。粗熱がとれるまでそのままおく。
3　冷めないうちにAと合わせて手であえる。器に盛り、白ごまをふる。

もやしの甘酢あえ

● 材料（作りやすい分量）
もやし　1袋（約200g）
A
　塩　小さじ1/4
　酢、砂糖　各大さじ1
　しょうゆ　小さじ1
赤唐辛子　1本
● 作り方
1　「もやしのナムル」の作り方1～2と同様に下ごしらえする。
2　赤唐辛子は種を取って粗く刻む。
3　もやしが冷めないうちに赤唐辛子とAと合わせてあえ、20分ほどおいて味をなじませる。

もやしのごまあえ

● 材料（作りやすい分量）
もやし　1袋（200g）
A
　塩　小さじ1/4
　しょうゆ　小さじ2
　白ごまペースト　小さじ2
　白すりごま　大さじ1
● 作り方
1　「もやしのナムル」の作り方1～2と同様に下ごしらえする。
2　もやしが冷めないうちにAと合わせ、あえる。

もやしの辛子あえ

● 材料（作りやすい分量）
もやし　1袋（200g）
ちくわ（小）　1本
A
　和辛子　小さじ1/4弱
　しょうゆ　小さじ2
● 作り方
1　「もやしのナムル」の作り方1～2と同様に下ごしらえする。
2　ちくわは薄い小口切りにする。
3　もやしが冷めないうちにちくわとAと合わせてあえ、20分ほどおいて味をなじませる。

◎ 箸休めに、
シンプルであっさりした漬物

紅芯大根の塩漬け

～皮つきのまま薄切りにして大根の重さの2％の塩をふる。密閉容器に入れて水けが出るまでおく。

ラディッシュの塩漬け

～葉を落とし、ラディッシュの重さの2％の塩をふる。密閉容器に入れて水けが出るまでおく。

果物でひと皿・秋

おいしい果物があったら、ひと皿は果物を使った料理を作ると、グッと季節感あふれる食卓に。特別なことはせずとも、ただバゲットにのせて焼くだけ、バターを挟むだけというシンプルなレシピでも果物の華やかさに勝るものなし。人が集まるようなときには一瞬でみんなの顔がほころびます。

果物に合うチーズを探したり、はちみつとの相性を試したり、実験的に果物で天ぷらをしてみたり、いつものサラダや白あえにも。家族にいろいろな組み合わせで食べてもらい、意見を聞いて次につなげます。これいいねっていう組み合わせがみつかると、すぐにでも披露したくなる。作り手にも華やぎをもたらせてくれる果物、ありがとう。

いちじくと白身魚の
カルパッチョ（4人分）

1　白身魚（刺身用さく）100gは薄切りにし、器に盛ってごく薄く塩をふる。

2　いちじく2個は皮ごと8等分にし、1に盛り合わせる。

3　しょうゆ小さじ1/4、マヨネーズ大さじ2、オリーブオイル大さじ1を混ぜ合わせる。オーブンペーパーを三角錐にしたしぼり袋に入れ、2にしぼる。

◉メモ　皮が気になる方はどうぞむいてくださいね。

いちじくの天ぷら

1　いちじくは皮ごと4等分に切る。

2　ボウルに天ぷら粉と水各適量を合わせ入れ、さらさらとした軽めの衣を作る。

3　2に1をくぐらせ、170〜180℃の揚げ油にそっと入れる。まわりがカリッと揚がったら引き上げる。

❍メモ　揚げたらすぐ食べる！　これは果物の天ぷらの鉄則です。特にいちじくは揚げたてを食べないと、中からいちじくが溶けて出てしまうのですぐに食べてください。いちじくのねっとりした食感と甘みに、油のコクがよく合います。何もつけずにそのままどうぞ。

いちじくとフェタチーズの
はちみつがけ

1 いちじく適量は皮ごと食べやすい大きさに
切り、器に盛りつける。

2 フェタチーズ適量をちぎってのせ、粗びき
にこしょう適量をひく。仕上げにはちみつを好
みの量まわしかける。

● メモ フェタチーズは羊や山羊の乳から作る
チーズ。塩水で熟成させるため、塩けが強いの
で味をみながら量を加減してください。

いちじくのバゲットオープンサンド

1　バゲットは好みの厚さに切り、いちじくを
食べやすい大きさに切ってのせる。
2　1をトースターで焼き目がつくまで焼く。
3　器に盛り、オリーブオイル、またははちみ
つをまわしかける。
❍メモ　いちじくは焼くことでねっとりし、甘
みが増します。

41

春菊と柿のサラダ（2人分）

1　春菊1わは、葉の部分を摘ん
で水につけ、葉をパリッとさせる。
水けをきって適当な長さにちぎる。

2　柿1/2個はくし形に切って
から薄切りにする。

3　ボウルに1と2を合わせ入れ、
魚醤小さじ1/3、落花生油大さじ
1、白ワインビネガー小さじ1/2
を加えてあえる。

◉メモ　柿は少し熟しているくら
いのほうが春菊となじんでおいし
いです。

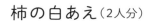

柿の白あえ（2人分）

1　豆腐（絹ごし）1/2丁（約150g）
は重しをして30分以上、しっか
り水きりする。

2　すり鉢、またはボウルに1を
入れ、塩ふたつまみ、白ねりごま
大さじ1、白砂糖小さじ1、薄口
しょうゆほんの少しを加え、豆腐
をつぶしながら混ぜる。

3　食べる直前に柿1/2個をさ
いの目に切り、2に加えてあえる。

干し柿バター

干し柿は半分に切って種を取り除き、常温においてやわらかくした発酵バター（食塩不使用）を厚めにぬり込む。干し柿が大きい場合は食べやすく切る。

金柑と帆立のカルパッチョ（2人分）

1 　金柑2個と帆立4個は薄切りにする。金柑は種を取る。

2 　皿に1を交互に重ねるようにして並べる。

3 　粒マスタードとしょうゆ各小さじ2、オリーブオイル
大さじ1を混ぜ合わせ、2にかける。

金柑とかぶのマリネ（2人分）

1 　かぶ2個は8等分のくし形切りにし、重さの1％の
塩をふって混ぜ、15分おく。

2 　金柑4個は、くし形に切って種を取る。

3 　ボウルに1と2を合わせ入れ（かぶから出てきた
水分もいっしょに）、オリーブオイル大さじ2をまわし
かけてよくあえる。

チキン竜田揚げ 金柑ねぎソース（2人分）

1　鶏もも肉1枚（約300g）は水けをペーパータオルでよくふき取って余分な脂を取り除き、両面に薄く塩をふる。

2　金柑2個は薄切りにして種を取る。

3　長ねぎ1本は粗みじん切りにしてボウルに入れ、砂糖と酢各大さじ1、しょうゆ大さじ2を加えて混ぜ合わせ、10分おく。調味料がなじんだら2を加えて軽く混ぜる。

4　1の鶏肉の両面に片栗粉をまぶしつけ、170℃の揚げ油で4〜5分揚げる。

5　食べやすい大きさに切って器に盛り、3をかける。

45

りんごのブリーチーズサンド（2人分）

りんご 1/2 個は皮ごと半分に切って種と芯を取り除き、
5mm 幅に切る。りんご 1 切れにブリーチーズ適量を切っ
てのせ、もう 1 切れのりんごで挟む。

● メモ　チーズはカマンベールチーズでも。

りんごと白菜のサラダ（2人分）

1　白菜2枚は、葉と軸部分に分け、葉をざく切りにする。りんご1/2個は皮ごと小さめのひと口大の薄切りにする。

2　ボウルに1を合わせ入れ、塩小さじ1/4、白ワインビネガー小さじ2、オリーブオイル大さじ1を順に加え混ぜ、味がなじむまで10分ほどおく。

3　器に盛り、こしょう適量をひく。

❏メモ　軸は炒めものにしたり、棒状に切ってスティックサラダなどに。

りんご入りポテトサラダ（2人分）

1　じゃがいも2個はひと口大に切って水からゆでる。やわらかくなったら、湯を捨てて再度火にかけ、から炒りしながら粉ふきいもにする。

2　1が熱いうちに薄切りにした紫玉ねぎ1/8個分、塩ふたつまみ、白ワインビネガー小さじ1を加えて軽く混ぜ、粗熱がとれるまでおく。

3　りんご1/2個は皮ごと1cm角のさいの目に切り、薄い塩水にさらしてざるにあけ、水けをきる。

4　2に3を入れ、マヨネーズを適量加えてさっくり合わせる。

巻いて、巻いての手巻きずし

おいしい魚が手に入ったときは、有無を言わさず手巻きずしにする。そして地元ならではの魚をひとつは入れたいから、近所の魚屋さんをめぐります。みんながそれぞれ好きなものを巻いて作るのも楽しいし、何より素材を切って並べるだけでいいのがありがたい。

とはいえ、刺身とご飯だけで食べ飽きることのないように、わさびとしょうゆの定番に加え、それぞれの魚に合う薬味を添えたり、のせたりして、いろいろな味わいを試してもらえるようにあれこれ考えます。かつおならしょうゆ漬けにしておいたにんにくの薄切りやエシャロットの薄切りをのせたり、まぐろの中落ちをたたいたものの横にはせん切りにしたたくあんを添えて「トロたくにしてね」といったふうに。わさびはちょっと値が張るけれど、こういうときには奮発して本わさびを使うことにしています。

盛りつけはまず魚を並べ、隙間に薬味を添えると形がキマりやすい。そういうこともあり、薬味の存在は重要です。おいしいのりを使うことも大事。1枚を4等分したサイズにするのはわたしのこだわり。半分サイズは巻きやすいけれど、すぐにおなかがいっぱいになってしまう。でも、1/4サイズならのせるご飯の量も少なく、ネタを味わってもらえるので、このサイズと決めています。

しょうゆは定番のものと、最近気に入っているものもプラスして、2種のしょうゆの味を試してもらったりするのもおもしろい。塩をパラリとふり、柑橘をぎゅっと搾るのもおすすめ。魚はもちろん、味つけと薬味の組み合わせでいく通りにも味わえますし、なかには薬味だけで食べる人もいます。それが手巻きずしのいいところ。

副菜は多くても2品作るくらい。主役のおすしをうんとおいしく食べてもらうため、手がかからない代わりに素材に重きをおき、副菜を巻き巻きしてもいいように準備します。

最後に炊きたてのご飯で酢飯を作れば、さぁ手巻きずしスタート。それぞれが巻きながら「あ、その組み合わせ、いいね！ 真似しよう！」「これとこれ、試してみよう」「これ、やってみて！」と、おいしい探求への会話が尽きることないのも、手巻きずしならではなのです。

手巻きずし

● 材料（5〜6人分）
かつお、ねぎトロ、中トロ、鯛
　（すべて刺身用さく）　各200g
アジ（三枚おろしにしたもの）　2尾
炙り太刀魚（刺身用）　適量
タコ　足1本
昆布（約5×15cm）　2枚
◆ 薬味
　にんにくしょうゆ漬け　1〜2片
　エシャロット　5株
　紫玉ねぎ　1/4個
　青じそ　10枚
　かぼす、すだち、白髪ねぎ、
　　万能ねぎ　各適量
たくあん、わかめ（もどしたもの）、
　本わさび、焼きのり　各適量
酢飯（下記）　3合分
しょうゆ、塩　各適量

● 作り方
1　昆布は酢（分量外）で表面をふいて鯛を挟む。ラップでぴっちり包み、冷蔵庫でひと晩寝かせて昆布じめにする。
2　にんにくしょうゆ漬け、エシャロット、紫玉ねぎは薄切りにする。柑橘類は半分に切る。たくあんは細切り、万能ねぎは5cm長さ、わかめはひと口大に切る。
3　アジは頭から尾にかけて皮をはぎ、そぎ切りにする。太刀魚はそぎ切りにする。中トロは棒状に切る。タコは薄切りにし、厚手のペーパータオルに並べて水けをとる。
4　盆皿に3の刺身を盛りつける。かつおは1cm幅に切って、にんにくしょうゆ漬けとエシャロット1/3量と紫玉ねぎをのせる。鯛はそぎ切りにし、昆布じめに使った昆布の上に並べる。ねぎトロは小さな器に盛る。最後に薬味類、たくあん、わかめで隙間を埋める。
5　酢飯を丼に盛り、小さなしゃもじを添える。のりは1/4に切る。
6　各自好きな具材を好きなように組み合わせて巻き、しょうゆや塩、おろしたてのわさびをつけて食べる。

● メモ
・わさびはすりたてがおいしいので、おろし器ごと食卓に出して少しずつおろすといい。
・まぐろ（刺身用さく）180gとみりん、しょうゆ各大さじ1を密閉容器に入れ、1時間ほど漬けにしておいたのですが、そのまま冷蔵庫に入れて忘れてしまいました。みなさんはこんなことのないようにお気をつけください（笑）。手巻きずしにするときは食べやすく切ってどうぞ。

酢飯

● 材料
米　3合
A ⎡ 塩　小さじ1
　⎢ 砂糖　大さじ2と1/2
　⎣ 酢　1/4〜1/3カップ

● 作り方
1　米をとぎ、いつもの水加減で炊く。
2　炊き上がったら熱いうちに飯台に移し、Aを加えてしゃもじでさっくり混ぜる。
3　うちわであおぎながら冷ます。

● メモ　最近はすし酢を事前に合わせることなく、炊きたてご飯に直接調味料を合わせ入れています。酢飯がおいしいと魚の味もアップしますので、ぜひていねいに。

蛇腹きゅうりのごま油あえ

● 材料（3〜4人分）
きゅうり　3本
塩　小さじ1
ごま油　大さじ1と1/2
● 作り方
1　きゅうりは包丁で蛇腹に切り、食品用ポリ袋に入れる。塩をふってしんなりするまでおく。
2　1をひと口大に切り、汁けをしぼる。ごま油を加えてさっとあえる。
● メモ　そのまま食べるのはもちろん、手巻きずしの刺身と合わせたり、薬味といっしょに食べてもおいしい。

たたき長いもの梅あえ

◉ 材料（3〜4人分）
長いも　1本（約350g）
梅干し　2個
穂じそ　適量

◉ 作り方
1　長いもは皮をむき、食品用ポリ袋に入れる。すりこ木などで上からたたき割る。
2　梅干しは種を取って包丁でたたき、ペースト状にする。
3　1に2を加え、袋の上から手でもむ。
4　器に盛り、穂じそをちらす。

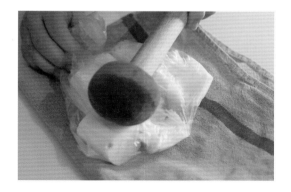

人が集まるときによく交わされるのが
「じゃあ、飲み物だけ好きなの、持ってきてくれる?」
「みんなワインだよね? わたしは日本酒持っていってもいい?」
「お酒飲めないから、何かソフトドリンク買っていこうかな」など
といった会話。
こちらもお酒やソフトドリンクを用意はしますが、みんなそれぞれ
に好きなものを好きなようにが一番! 料理は一方的にわたしが作
りたいものを作りますから、そこは遠慮せず、各自の飲みたいもの
を持ってきてね、と伝えます。
バケツ大の容器に大きな氷を入れて、まずはそこにわたしが飲みた
いものを冷やしておき、到着したゲストにもそこに飲み物を入れて
もらいます。
ごはん会のときは、いつもにもまして冷蔵庫の中がいっぱいなので、
そんな方法をとっています。温かいお茶や冷たいお水は、保温保冷
対応のポットに入れてグラスとともにテーブルの隅や小さなテーブ
ルに。個々にお好きなときにどうぞとセットしておきます。
というわけで、お店ではないので
料理と飲み物の組み合わせまでは
考えてないのが正直なところ。メ
ニューを聞かれたら「今日は鍋だ
よー」「魚を食べるよ」と、応え
るくらい。おうちごはんですから
ね、そのあたりは自由に、ラフに
しようと思ってます。

ごはん会のとき、どういうタイミングでお料理を出すべきか、いつも悩ましいという話しをよく聞きます。ちょっとつまめるものや前菜的なものをまずはお出しし、その後、メイン（お肉やお魚など）、そしてまたちょっとつまんで、最後に〆という流れがいつもの感じですが、いうは易し、ですよね。

そんなとき、よくおすすめしているのが、下ごしらえだけして、あとは蒸籠に次々入れて仕上げていく方法。これなら出来上がった順に出していけばいいので、タイミング的なことや順番をさして考えずに済むのでラクチンです。しかも、道具は蒸籠ひとつ。片づけもあっというま。

また、考えがまとまらないときには「今日は蒸籠で全部やるぞ！」などと先にテーマを決めると、すると作りたい料理が思い浮かぶ場合もあります。お料理を出すタイミングや順番を細かく考える前にまず大きなテーマを決めてしまうのはひとつの策ですよ。

蒸籠ひとつで

野菜蒸し

● 材料（4人分）
ごぼう　80g
ブロッコリー　1個
長いも　140g
れんこん　80g
かぼちゃ　150g
塩、こしょう、オリーブオイルなど　各適量
● 作り方
1　ごぼうは5cm長さに切って水にさらす。ブロッコリーは小房に分け、茎は皮を厚めにむいて半割りにする。長いもはガスの火で直接炙っ

てひげ根を焼き切り、皮つきのまま2cm幅に切る。れんこんは1.5cm幅に切ってから半分に切り、水にさらす。かぼちゃは種とワタを取り除いて1cm幅の食べやすい大きさに切る。
2　蒸気の上がった蒸籠にごぼうとれんこんを入れ、20分ほど蒸す。ブロッコリー、長いも、かぼちゃを加えてさらに10分ほど蒸す。串をさし、すっと通ったら蒸し上がり。塩、こしょう、オリーブオイルなど好みのものをつけて食べる。
● メモ　みそ、マヨネーズ、「BBQのタレ（P80）」などをつけて食べてもおいしい。

蒸しスープ

◉材料（4人分）

冬瓜　200g（正味）

鶏スペアリブ　8本

ナンプラー　小さじ1〜2

塩　小さじ1/4

こしょう　少々

ごま油　少々

◉作り方

1　冬瓜は種とワタを取り、皮をむいて5mm幅ほどの食べやすい大きさに切る。

2　鶏肉は、塩をふってもんでおく。

3　耐熱の器4個に1と2を等分に入れ、水100ml（器に合わせて加減する）ずつを加える。

4　蒸気の上がった蒸籠に3を並べ入れ、20分ほど強火で蒸す。

5　ごま油とナンプラーをたらし、こしょうをひく。

中華ちまき

◉ 材料（4〜5人分）
もち米　3合
たけのこ（水煮）　80g
干ししいたけ　3枚
にんじん　1/3本　50g
れんこん　60g
しょうが（細切り）　1片
チャーシュー　100g
栗甘露煮　6〜8個くらい
A ┃ 酒　大さじ2
　 ┃ しょうゆ　大さじ1と1/2
　 ┃ オイスターソース　大さじ1
　 ┃ 砂糖　小さじ2
油、ごま油　各大さじ1
竹の皮　6枚くらい

◉ 作り方
1　もち米は洗い、1時間ほど浸水させてからざるに上げる。干ししいたけは250mlの水でもどし、もどし汁はとっておく。竹の皮は水に浸す。やわらかくなったら竹皮の端を細くさいてひもを作っておく。

2　たけのこ、1の干ししいたけ、にんじん、れんこんは1cm角に切り、れんこんは5分ほど水にさらして水けをきる。
3　深めのフライパンに油とごま油、2を入れ、火にかける。全体に油がよくからんできたらしょうがを加えて軽く炒め合わせる。

4　もち米、A、しいたけのもどし汁1カップを加え、汁けがなくなるまで炒め合わせる。
5　竹の皮の水けをふき取り、4を等分にして真ん中にのせる。
6　チャーシューを2cm角に切って5の上に適量ずつのせる。汁けをきった栗甘露煮ものせ、両端を折りたたんで包み、ひもで結ぶ。
7　蒸気の上がった蒸籠に入れ、40〜50分蒸す。

◉ メモ　時間のあるときに作って冷凍保存しておけば、当日は蒸し直すだけ！　竹の皮が手に入らないときはアルミホイルで包むなど工夫してください。

さつまいものレモン蒸し

◉材料（4人分）
さつまいも　350g
レモン（薄切り）　8～10枚
砂糖、メープルシロップ、
　はちみつなど　各適量

◉作り方
1　さつまいもは皮つきのまま1.5cm
幅に切って水につけ、水が白く濁るま
で10分ほどさらす。
2　蒸気の上がった蒸籠に1の水け
をきって並べ、レモンをのせて10分
ほど蒸す。
3　器に盛り、砂糖やメープルシロッ
プ、はちみつを添える。

豚肉の梅蒸し

● 材料（4人分）
豚ロース肉またはバラ薄切り肉　300g

A
| 梅干し（塩分15%前後のもの）　4個
| 長ねぎ（みじん切り）　1/2本
| 酒　大さじ1
| オイスターソース　小さじ2

白髪ねぎ　適量

● 作り方
1　梅干しは種を取って、包丁でペースト状になるまでたたき、残りのAの材料と混ぜ合わせる。
2　豚肉4枚をまな板などに並べて1を適量ぬる。同量の豚肉を重ね、同様に1をぬる。これを数回繰り返す。
3　蒸気の上がった蒸籠に厚手のオーブンペーパーを敷き、2をのせて8分ほど蒸す。
4　食べやすい大きさに切って器に盛り、肉汁をかけて白髪ねぎを添える。

● メモ　オーブンペーパーは厚手のものを使用してください。薄いとやぶれてせっかくの肉汁がこぼれてしまうので。皿ごと蒸す場合は、肉を一枚一枚広げて1のソースをぬり、端からくるくる巻いて丸めたものを皿に並べ入れても。梅と好相性のオイスターソースが豚肉の甘い脂と合わさってなんとも言えないおいしさに。ソースに使う長ねぎは白髪ねぎを作った残りの芯を活用してください。梅干しは塩けと酸味がしっかりあるものがおすすめです。

卵って本当に便利で、ありがたい。

ゆで卵にアンチョビやオリーブをのせるだけで立派な一品になるし、卵サンドやオムレツはもちろん、おいしい卵を炊きたてのご飯にのせてしょうゆをまわしかけたら、それだけでもうごちそう!

何か少しもの足りないというときには、卵とじにしたり、目玉焼きをのせるだけで、いつものメニューもスペシャル感が増す、頼りになる食材。何はなくとも卵だけはしっかり常備しておく。これがいつしかわたしの、いつ何時、誰が来ても大丈夫! な安心感につながっています。

残った白身で〜
卵白あんかけ（3〜4人分）

1　卵白2個分は泡立て器でツノが立つまで泡立てる。

2　ブロッコリー1個は食べやすい大きさに切り分け、茎は厚めに皮をむいてひと口大に切る。塩少々を加えた湯で好みの加減にゆで、ざるにあけて水けをきる。

3　フライパンにだし汁1カップを温め、缶詰の蟹肉80gを加える。煮立ったら味をみて魚醤小さじ1/2〜1を加える。

4　再び煮立ったら同量の水で溶いた片栗粉小さじ2を加えてとろみをつける。

5　1を加え、底から返すように大きく混ぜて火を通す。

6　器に2を盛り、ごま油を軽くまわしかけて5をふんわりかける。

❍メモ　魚醤の量は蟹缶の味によっても変わってきます。レシピの分量を目安に、味をみながら加えてください。

黄身のしょうゆ漬け

卵適量は黄身と白身に分ける。ごく小さな容器に黄身を1個ずつ移し入れ、しょうゆを軽くまわしかける。冷蔵庫にひと晩おく。

❍メモ　炊きたてご飯や、しらすご飯にのせるなどのほか、ふた晩くらいおいてねっとりしたものをちびちびつまみながらお酒のアテにして楽しんだりもしています。

漬け卵（6個分）

1 　卵6個は好みのかたさにゆで、殻をむく。
2 　食品用ポリ袋にゆで卵の水けをふき取って入れ、しょうゆ、黒酢各大さじ1を加えて、袋の口をとじる。冷蔵庫で2時間ほどおいて味をなじませる。ときどき袋の上から卵を転がし、まんべんなく漬け汁を卵に行き渡らせる。
3 　半分に切って器に盛り、好みで香菜をちらす。
◉メモ　そのまま食べても麺やご飯にのせても。

なめ玉（3〜4人分）

1　卵4個をボウルに割りほぐし、なめ茸（市販）大さじ2を加えて混ぜる。

2　フライパンに油適量を熱し、1を流し入れる。ヘラで大きく混ぜ、全体にある程度火が通ってきたら奥に寄せて形を整える。

3　フライパンを逆手に持ち、皿に盛る。

◉メモ　なめ茸さえあれば味つけいらず。納豆やひき肉を追加してボリュームをつけてもおいしいですよ。

具だくさんオムレツ（直径18cmのフライパン1個分）

1　新じゃがいも1個は皮つきのままよく洗い、ラップで包んで3分ほど電子レンジで加熱する。串をさしてすっと通るまでやわらかくなったらひと口大に切る。

2　小ぶりのトマト1個はざく切り、玉ねぎ1/4個は7〜8mm幅に、ピーマン1個は縦に2cm幅の細切りにする。ベーコン（ブロック）40gは5mm角に切る。ボウルに卵4個を割りほぐしておく。

3　フライパンを熱し、ベーコンを焼く。カリッとした焼き目がついたら2の卵液に加える。同じフライパンに玉ねぎを入れ、ベーコンから出た脂を使って炒める。透き通ってきたらピーマンを加えてざっと炒め合わせ、卵液に加える。

4　3の卵液にじゃがいも、トマト、パルミ

ジャーノレジャーノを削ったもの大さじ2と塩ふたつまみを加え混ぜる。

5　3のフライパンをペーパータオルでさっとふき、オリーブオイル大さじ2を熱して4を流し入れる。大きく混ぜて中弱火にし、じっくり焼く。

6　まわりが焼けてきたら裏面を確認し、焼き色がついたら平らなふたや皿などにオムレツを移し、フライパンをかぶせ、皿を返すようにしてフライパンに戻し入れる。形を整え、フライパンの縁からオリーブオイルをまわしかけ、もう片面も軽く焼く。

7　取り出し、少し粗熱をとってから食べやすく切り分けて器に盛る。

● メモ　皮の薄い新じゃがの場合のみ皮つきで。それ以外は皮をむいて作ってください。

冷蔵庫に何もない！　そんなとき頼れるのが缶詰。

例えば、なんとなくいつもあるツナ缶やサバ缶に砂糖としょうゆで少々味を
つけ、お好みでマヨネーズも加えれば、ちょっぴりジャンクな丼物の完成！
その場でチャチャッと作れるのもいいところ。時間があるとき多めに仕込ん
でおけば、ご飯のみならずサンドイッチやオープンサンドに、サラダに、そ
のままつまみにもなります。

ほかにも、コンビーフやトマトの水煮缶も常連缶詰。グラタンに缶詰のコン
ビーフを加えてみたり（P120）、トマトの水煮缶はハヤシライス（P146）をはじ
め、パスタやカレーを作るときに重宝するし、常備野菜のじゃがいも、にんじん、
玉ねぎなどの野菜と組み合わせることで何品か料理ができるので、頼りにし
ているの。

ツナマヨ丼

1　缶詰のツナ2個（約280g）を汁ごとフライパンに入れ、弱めの中火にかける。汁けがなくなるまで炒め、砂糖としょうゆ各少々を加え混ぜ、火を止める。粗熱がとれたらマヨネーズ適量であえる。

2　ご飯を茶碗に盛り、1を適量のせて温泉卵を添える

BBQブーム、ふたたび

しばらくお休みしていたBBQ。娘も大きくなり、お友達が遊びに来る日はリクエストされることが多くなり、復活しました。

コンロも新調してセットしてみれば、家族だけでもやりたくなるもの。風のない日は夕方から焼肉や焼き魚を楽しんでいます。

BBQの基本材料は季節の野菜と肉、その日に揚がった魚介類。その時々で、季節のものを交えながらジュージュー焼きます。デザートは季節の果物や、それを使ったゼリー、寒天寄せなど、簡単なものがほとんど。

野菜は切っておくだけ、肉や魚介類はいくつか簡単なタレとハーブを用意して、軽く塩をしておけばOK。あとはご飯を炊いて塩むすびをにぎって、お酒を飲むときはおつまみを少し仕込んでおけばいいくらい。

ジュージューと香ばしく焼ける音も匂いもごちそうです。炭を起こすのは火起こししたいと手をあげた方にお願いすることにしました。

飲み物はバケツに氷水をはってそれぞれ好きなものを冷やしておく。焼きは、鍋奉行ならぬBBQ奉行におまかせして、わたしはのんびりお酒を飲みながら焼き上がりを待つばかり。

ある日のBBQ

● 材料（作りやすい分量）
ラム骨つき肉、牛フィレ肉、豚トロ、
　豚厚切りステーキ肉など　各適量
かます、サザエなど　各適量
タイム、ローズマリー　各適量
オリーブオイル、塩　各適量

● 作り方
1　かますは開いて、重さの1％の塩をふって半日ほど干す。

2　バットに薄く塩をふり、肉類を重ならないように並べ、上からも薄く塩をふる。豚厚切りステーキ肉にはタイムを、ラムにはローズマリーをのせてオリーブオイルをまわしかける。

3　サザエは殻と口付近をタワシでよく洗って砂などを除き、口のかたい部分（歯舌）を取り除く（サザエの口を下向きにし、少し中身が出てきたときを見計らい、小さなナイフやアイスピックなどで切り目を入れてはがす。手を切ら

ないように軍手などして気をつけて行う）。

4　それぞれの素材を炭火で焼き、好みの「BBQのタレ（P80）」やハーブを合わせて食べる。

ねぎダレ

◉ 材料（作りやすい分量）

長ねぎ　1本

しょうゆ、黒酢　各大さじ1と1/2

◉ 作り方

1　長ねぎは斜め薄切りにし、水にさっとさらしてざるにあけて水けをきる。

2　1にしょうゆと黒酢を加え混ぜ、しっとりするまで10分ほどおく。

BBQのタレ

焼き上がった肉や魚介に好みの量かけて食べるわが家の定番タレ。この他に、ミントや香菜をどさっと用意して、各自好きに合わせて食べてもらうようにしています。

そのまんまトマトダレ

◉ 材料（作りやすい分量）

トマト（完熟）　2個

塩　小さじ1/3

◉ 作り方

1　トマトは横半分に切り、種を取ってボウルにとりおく。

2　果肉を包丁で細かくたたいて種の入ったボウルに入れ、塩を加え混ぜる。

塩にら

◉ 材料（作りやすい分量）

にら　1/2束

塩　小さじ1/3

白すりごま　大さじ1

◉ 作り方

1　にらは細かく刻んでボウルに入れ、塩をふってしっとりするまで30分ほどおく。

2　白ごまを加え混ぜる。

枝豆の薬味あえ

● 材料（作りやすい分量）
枝豆（さやつき）　500g
A［
　長ねぎ　1/2本
　にんにく　1片
　しょうが　3片
］
　しょうゆ　大さじ2
　ごま油　大さじ3
　塩　適量

● 作り方
1　枝豆のさやの両端をキッチン
バサミで切り、塩を加えた湯でゆ
でる。盆ざるにあけて広げ、うち
わなどであおいで急いで冷ます。
2　Aはすべてみじん切りにする。
3　1と2、しょうゆ、ごま油を
合わせ、ざっと混ぜ合わせる。密

閉容器に入れて3～4時間、冷
蔵庫で味を含ませる。味が足りな
ければ、しょうゆ（分量外）でと
とのえる。
● メモ　南国で覚えた味。さやに
ついた薬味や味をチュッと吸うよ
うにして食べるのがおいしい。

冷やしトマトときゅうりと、たっぷり葉野菜

丸ごとのトマトときゅうりは、あっさり、さっぱりしていて BBQ に合わせる副菜にもってこい。氷をはった器に入れて出します。塩やみそをつけてもいいけれど、そのまま豪快にかぶりつきたい季節のごちそうです。レタスやえごまの葉などの葉野菜もたっぷり用意し、焼いた肉を包んで食べます。肉の脂っこさが口に残らず、いくらでも食べられますよ。

BBQの塩むすび

BBQのときのおむすびは、小さなひと口サイズににぎることが多いです。

おなかはいっぱいだけれど、ほんの少しお米が食べたいというリクエストが多かったことからこのサイズに落ち着きました。

片手に手水または梅酢をつけ、塩をちょっとなじませてキュッと片手でひとにぎり。韓国のりを巻いて器やバットに並べておき、好きなときにパクッとどうぞ、という具合にしています。

何はなくともこれがあると助かる。

長年主婦をしていると、そういうものってありませんか？

冷凍庫にあると重宝するのは、ご飯やパン、水餃子やソーセージ、油揚げなど。炭水化物があれば、〆がほしいときすぐに作れるし、水餃子やソーセージはまだちょっともの足りないなってときに、さっとゆでればいいだけ。

冷蔵庫にはちくわなどの練り物、チーズ、豆腐、ヨーグルト、卵など。練り物やチーズ、豆腐はそのまま食卓に出せるし、卵は何にでも合わせやすく、七変化する使いやすい素材。ヨーグルトは甘いものにも、料理にも使える便利な乳製品です。

特に油揚げとちくわは、冷蔵庫か冷凍庫にあると「あぁ、よかった」と安心します。油揚げはおみそ汁やおいなりさんはもちろん、ひじきと煮たり、さっと焼いて刻んだねぎをちらしてつまみにしたりと、わが家にはなくてはならないもの。油揚げサンドは、ハムがない！ となったときの代打から生まれました。

ちくわは味だしにもなるし、ボリュームを足したいときにも活躍してくれます。もちろん、そのまま食べても。夫はちくわの穴にマヨネーズをしぼり、きゅうりをさして食べるのが好き。

何はなくとも、この2つには助けられています。どちらも和のイメージに寄りがちですが、発想を変えてみると、意外といろいろな食材とも合わせやすく、活躍の場が多いことに驚かされます。

ちくわボート （作りやすい分量）

1　ちくわ3本は縦半分に切り、くぼみにマ
ヨネーズをしぼる。
2　溶けるチーズとケッパー各適量を順にのせ、
トースターでチーズが溶けるまで焼く。

油揚げサンド（2人分）

1　食パン（8枚切り）を4枚用意する。2枚の表面にバター
とマヨネーズを各適量ずつぬる。

2　玉ねぎ適量を薄切りにして1にのせ、青じそ適量を
重ねおく。

3　油揚げ2枚は油をひかずにフライパンに入れ、両面香
ばしく焼く。短冊切りにして2に重ねのせ、しょうゆ少々
をかける。

4　残りの食パンで3をサンドし、3のフライパンに入れ
る。重しをのせて両面こんがり焼き目がつくまで焼く。

5　3等分に切って器に盛る。

◉メモ　スライスチーズやのりを挟んでもおいしいです。

アジづくしの日

活きのいいアジが手に入ったら、まずはお刺身、酢じめ、なめろう、なめろうからのサンガ焼き、アジフライ……。豆アジがあったら頭も骨も食べられる南蛮漬けに。

アジづくしといえど、器の中のアジの姿も味わいもまったく違うから、それぞれどのアジが好みかなんて話しながら、食べて飲む。海のそばに越してきた当初は、はりきってアジ包丁までそろえて、アジと格闘していましたが、最近は刺身、三枚おろし、アジフライ用に三角におろすなど、要望に応えてくれる親切な魚屋さんをみつけて、おまかせすることに。おろすまでしてもらうと、あとはなんてラクチンなこと。魚は火の入りが早いので、時短料理でもあるんです。

夏休みに子どもたちが魚をさばいてみたいというので、子どもがさばいたアジで料理を作った日もありました。今ハマっているアジ料理は「きらすまめし」。大分県臼杵市の郷土料理で、仕事で作って以来大ファンに。郷土の味自慢もいいですよね。

豆アジのマリネ

● 材料（作りやすい分量）

豆アジ、または小アジ（12 〜 13cm のもの）
　　12 尾

新玉ねぎ　1 個（約 200g）

カラーピーマン（赤、黄、オレンジ）　3 個

A ［ 砂糖　大さじ 2
　　しょうゆ　大さじ 3
　　黒酢　大さじ 4 ］

片栗粉　適量

塩　少々

揚げ油　適量

● 作り方

1　新玉ねぎは縦半分に切って繊維に沿って薄切り、カラーピーマンは細切りにしてバットに入れる。

2　A は合わせておく。

3　アジは内臓とえらを取って流水で洗う。水けをペーパータオルでふき取り、塩を軽くふる。食品用ポリ袋にアジと片栗粉を入れ、まぶしつける。

4　170℃の揚げ油で 3 を 4 分ほど揚げる。揚げたてを 1 のバットに入れ、2 をまわしかける。

5　野菜がしんなりしてきたら、ざっと全体に混ぜ合わせる。

● メモ　揚げ時間の 4 分はあくまで目安。アジの大きさによっては二度揚げしても。

アジのおからあえ

◉材料（作りやすい分量）
アジ　2尾
長ねぎ（みじん切り）　6cm
みょうが（みじん切り）　1/2本
おから　200g
しょうゆ　小さじ1
かぼす、万能ねぎ　各適宜
◉作り方
1　アジは三枚におろし、皮と小骨を除いて5mm幅に切る。

2　1をしょうゆであえ、10分ほどおいてから、長ねぎとみょうがを加え混ぜる。おからを加えてさっと合わせる。好みで小口切りにした万能ねぎをのせ、かぼすを搾る。
◉メモ　残ったお刺身におからをまぶした大分の郷土料理「きらすまめし」をもとに、アジでアレンジしたもの。お刺身の旨みがしみわたったおからがお酒にもご飯にもよく合う、残り物のお刺身がなくても作りたい料理です。

アジのなめろう

◉ 材料（4人分）
アジ　4尾
しょうが（みじん切り）　1片
長ねぎ（みじん切り）　15cm
青じそ　5枚
みそ　大さじ1と1/2

◉ 作り方
1　アジは三枚におろし、皮と小骨を除いて包丁で細かくなるまでたたく。ある程度細かくなったら、しょうがと長ねぎを加えてさらに細かくなるまでたたく。青じそは2枚をみじん切り、1枚はせん切りにする。
2　みそを加えてたたき、ねっとりしてきたらみじん切りにした青じそを加えてさらにたたきながら混ぜる。
3　器に青じそ2枚を敷いて2を盛り、せん切りにした青じそをのせる。

◉ メモ　アジの三枚おろしは、魚屋さんやスーパーの鮮魚コーナーでもお願いできます。最近では三枚におろしたものが売っている場合もありますし、アジの刺身を使ってもいいですよ。

アジのサンガ焼き

⦿材料（4人分）
アジのなめろう（P94）　全量
青じそ　12枚
油　小さじ2
⦿作り方
1　青じそにアジのなめろうを等分にのせ、ふ
たつに折りたたむようにして巻く。
2　フライパンに油を熱して1を並べ入れ、ア
ジが白っぽくなるまで転がしながら焼く。
⦿メモ　好みでしょうゆをつけて食べても。

アジフライ

● 材料（4人分）
アジ（フライ用に開いたもの）　8尾分
塩　適量
天ぷら粉、パン粉　各適量
揚げ油　適量

● 作り方
1　アジは表面の水けをペーパータオルでしっかりふき取り、塩を軽くふる。
2　ボウルに天ぷら粉と水各適量を合わせ入れ、さらさらとした軽めの衣を作る。1をくぐらせ、パン粉をしっかりつける。
3　170℃の揚げ油でカラリときつね色になるまで揚げる。
4　器に山盛りのせん切りキャベツ（分量外）とともに盛り合わせる。タルタルソース（下記）やソースをつけて食べる。

● メモ　衣の粉とパン粉と山盛りのせん切りキャベツさえ準備しておけば、フライ用に開いてあるアジを揚げるだけ。アジフライを肴にビールもいいけれど、炊きたてご飯にみそ汁！というリクエストも多数なので、アジづくしの日は、お酒とともにアジのつまみを味わったあとの〆にフライを出すことが多いです。

タルタルソース（作りやすい分量）

1　らっきょう甘酢漬け6個とコルニッション（きゅうりのピクルス）3本をみじん切りにし、ボウルに入れる。
2　殻をむき、水けをふいたゆで卵3個とマヨネーズ大さじ3強、塩少々を加え、ゆで卵をつぶしながら混ぜ合わせる。

皿蒸しハンバーグ（直径 25×高さ 4cm の器 1 個分）

1　ボウルに合いびき肉 500g、玉ねぎのみじん切り 1 個分（120g）を入れる。卵 1 個を割り入れ、パン粉（パンの切れ端でも OK）大さじ 2 と牛乳大さじ 1 を合わせたもの、しょうゆ小さじ 1/2、塩小さじ 1 を加え、こしょう適量をひく。あればフレッシュなセージやオレガノを適量ずつ刻んで加える。

2　カラーピーマン（赤）1 個を粗みじん切りにし、1 に加えてよく混ぜる。カラーピーマン（赤・黄・オレンジ）各 1/2 個ずつは輪切りにする。

3　耐熱の器にできるだけ平らにならして肉だねを入れ、輪切りにしたカラーピーマンを飾る。

4　蒸気の上がった蒸し器、または蒸籠に入れ、15 〜 20 分蒸す。串をさし、澄んだ汁が出てきたら蒸し上がり。好みでトマトケチャップやトマトソースなどをつけて食べる。

いろいろな形に姿を変えられ、さまざまな食材とも合わせやすい便利なひき肉。

そぼろにしたり、丸めて肉団子やハンバーグにしたり、大きくまとめて皿蒸しにしたり、活躍の場を挙げればキリがありません。おいしいおだしが出るのもいいところ。

ひき肉はいたみやすいので、買ってきたらなるべく早く下ごしらえしてしまうと、あとがラク。すぐに使わない場合は、加熱調理まで済ませて冷凍するほか、肉だねの状態で冷凍しておくという手もあります。そうしたら鬼に金棒。いつだっておいしいひき肉料理ができるというものです。

肉団子の黒酢あんかけ（2〜3人分）

1　ボウルに鶏ももひき肉350gと玉ねぎのみじん切り50g、ナンプラー大さじ1/2、片栗粉大さじ1を入れ、手でよくこねて小さめに丸める。

2　フライパンを熱し、油をひかずに1を並べ入れる。焼き目がついたら返し、中に火が通るまで転がしながら7〜8分焼く。

3　鍋に湯1カップ、しょうゆと黒酢各大さじ1と1/2、砂糖大さじ1/2を入れ、火にかける。煮立ったら同量の水で溶いた片栗粉大さじ1を加えてとろみをつける。

4　3に2を加えて煮からめる。

●メモ　フライパンに残った焼き汁は鶏スープの素として使えるので捨てないように。水を足して沸かし、好みの具材を加えてひと煮して味をととのえれば出来上がりです。肉団子を保存する場合は、丸めて焼いたところで冷凍します。

肉みそ（作りやすい分量）

1　玉ねぎ1/2個は1cm角に切る。にんにく1片はみじん切りにする。

2　フライパンに油大さじ1/2を熱し、にんにくを弱火で炒める。いい香りがしてきたら玉ねぎを加えて中火にし、炒め合わせる。

3　玉ねぎが透き通ってきたら豚ひき肉700gを加えて炒め合わせる。全体にざっくり炒めたら、酒大さじ2を加えて炒め、ひき肉の色が変わったらみそ大さじ3、砂糖とオイスターソース各大さじ1を加えて炒め合わせる。味をみて塩またはしょうゆでととのえる。

◉メモ　保存容器に入れて冷蔵庫で1週間ほど保存可。

肉みそを使って〜
ガパオライス

1　鍋に肉みそ（上記）を適量入れ、バジルの葉を好みの量加えてざっと炒め合わせる。

2　目玉焼きを作る。

3　皿にご飯を盛り、1をかけて2をのせる。

◉メモ　バジルはハーブ使いというより、具材のひとつとしてたっぷり加えるのがポイント！

もともとは撮影のとき、スタッフのみなさんのお昼用にのり弁を人数分用意したことがはじまり。

のり弁ならあらかじめ作っておいても、食べる頃にはご飯にしょうゆとのりの味が染みてちょうどいい。次々、出来上がった撮影のおかずといっしょに、それぞれに試食してもらおうと思ったところからののり弁でしたが、これが意外と来客時にもいいことに気づきました。

今日はバタバタしそうだなというときや、お昼どきの打ち合わせなどでホストがともにテーブルについて話しをするときには特に、このスタイルがいい。

ご飯を炊いて、みんなののり弁を作ってテーブルに置いておく。あとは何品かおかずを作って、それぞれが自分のお弁当を作るように好きなおかずを取って食べる。

みなさんまずはこのお弁当箱を渡される方式に驚き、喜んでくださり、私もやってみよう! という声も。小さなお子さんといっしょの会などでも好評でした。

持ち寄りで集まるようなときにも、ご飯やパスタなどおなかにたまる料理をこしらえなくても、お弁当箱にご飯を詰めておくだけ。お弁当箱がお皿代わりになるのも遠足気分でちょっと楽しい。洗い物がぐっと減ったのも助かりました。お弁当箱が足りないときは丼を使っての り丼に! こちらも意外とウケました。

たまにはこんなふうにテーマを決めると作っているときから楽しい。
音楽も居酒屋風にしてみたりしてね。
いっしょに居酒屋に行ったらあの人はこんなの頼みそう、あの人はあれが好きかもなぁ。わたしはちぎりキャベツは絶対！　あとはもつ煮も。
そうそう、定番のポテサラも忘れちゃならない！
なんて、メニューを考え出したらキリなく思いついちゃう。そんな準備時間も心はずむ居酒屋的ごはん会。
ゆでただけの枝豆とか、さっとできるものも合わせて、彩り豊かに、にぎやかに。

ちぎりキャベツ

◉材料（4人分）
キャベツの葉　4枚
みそ、マヨネーズ　各適量
◉作り方
キャベツを食べやすい大きさにちぎって
器に盛り、みそとマヨネーズを添える。

焼きとり

● 材料（6本分）
鶏もも肉　1枚（約250g）
長ねぎ　1本
塩　適量

● 作り方

1　鶏肉は水けをペーパータオルでふき取り、余分な脂を除いて小さめのひと口大に切る。長ねぎは3cm長さに切る。

2　串に1の鶏肉と長ねぎを交互に打ち、表面に塩をふる。

3　フライパンを熱し、油をひかずに2を並べ入れる。焼き目がついたら返し、もう片面も焼いて、器に盛る。

● メモ　レモンや七味唐辛子、柚子こしょう、みそを添えてもよい。

焼きなす

● 材料（4人分）
なす　4本
かつお節　適量
しょうゆ　適量

● 作り方

1　なすは表面全体に縦に薄く切り込みを入れる。

2　1を焼き網に並べ、転がしながら皮が真っ黒になるまで焼き、氷水にとって熱いうちに皮をむく（ペーパータオルなどを使い、やけどに注意ながら）。

3　食べやすい大きさに切って器に盛り、かつお節をのせてしょうゆをかける。

揚げ出し豆腐

● 材料（2〜3人分）
豆腐（絹ごし）　1丁
ししとうがらし　4本
片栗粉　適量
A［だし汁　1/3カップ
　砂糖　ひとつまみ
　しょうゆ　小さじ2
　みりん　小さじ2］
長ねぎ（小口切り）　適量
揚げ油　適量

● 作り方
1　豆腐は厚手のペーパータオルで包み、軽く重しをして20〜30分かけてしっかり水きりする。長ねぎは水にさらす。
2　小鍋にAを合わせ入れ、温めておく。
3　豆腐はひと口大に切って表面に薄く片栗粉をまぶしつけ、170℃の揚げ油で色づくまで揚げる。ししとうはヘタを短く切り、切り目を1カ所入れて素揚げする。
4　器に3を盛り合わせ、2のつゆをはって水けをきった長ねぎをのせる。

● メモ　揚げ油に米油を使うと香ばしく揚がるので気に入っています。

鯛茶漬け

◉材料（2〜3人分）

鯛（刺身用さく）　120g

A
薄口しょうゆ　小さじ2
みりん　小さじ1
白ねりごま　大さじ1
白すりごま　小さじ1

ご飯　茶碗2〜3杯分
濃いめにいれた煎茶　適量
万能ねぎ（小口切り）、
　おろしわさび　各適量

◉作り方

1　鯛は水けをペーパータオルでふき取り、薄切りにしてAであえる。1時間ほど冷蔵庫におき、味をなじませる。

2　茶碗にご飯を盛って1をのせ、白すりごま（分量外）を軽くふってわさびを添える。お茶を注ぎ、万能ねぎをちらす。

◉メモ　お酒のあとだったらあっさりと濃いめにいれた煎茶を合わせるのが好きですが、だしをはってもいいし、ほうじ茶でもおいしいです。

玉ねぎとじゃがいもがあれば

いつでもうちにある野菜として筆頭に上がってくる2つ。

ポテトサラダのじゃがいもは、皮ごとゆでるか、皮をむいてゆでるかで、ホクホクしたり、なめらかにしっとりしたり。

ポテトフライはじゃがいもをまず下ゆでするか、レンチンして加熱しておけば、あとは表面をカリッと色よく揚げるだけ。そのほうが中はホクッと、外はカリカリガリガリッと香ばしく仕上がります。

みんなが知っている料理だけれど、わたしなりに大事にしていることをお伝えしたいと思います。

スパイシーフライドポテト（2人分）

1　じゃがいも2個は皮つきのままよく洗い、水けがついたまま1個ずつふんわりラップで包んで電子レンジで5～6分ほど、やわらかくなるまで加熱する。粗熱がとれたら皮をむき、6～8等分のくし形に切る。

2　揚げ油を170℃に熱し、1をこんがりきつね色になるまで揚げる。

3　オーブンペーパーを大きめに切り、パプリカ、ターメリック、コリアンダー、花椒（ホワジャオ）（すべてパウダー）、塩各適量をのせ、合わせる。

4　揚げたての2の油をよくきり、3にのせて包み、スパイスがこぼれないようにふってまぶしつける。

じゃがいものおやき（2人分）

1　じゃがいも1個（約150g）はすりおろす。ベーコン1/2枚は細切り、万能ねぎ3本は3cm長さに切る。

2　ボウルに1と薄力粉大さじ3、塩少々を入れ、混ぜ合わせる。

3　フライパンに油小さじ2を熱し、2を4〜5等分にして円形にまとめ、並べて焼く。しばらくいじらず、焼き目がついたら返してもう片面も焼く。

4　器に盛り、ねり辛子を添える。

玉ねぎとじゃがいもの天ぷら（2人分）

1　玉ねぎ 1/2 個は薄切り、じゃがいも 1 個
はせん切りにする。全体に軽く薄力粉をまぶす。

2　ボウルに薄力粉 1/2 カップと水 1/3 〜
1/2 カップ、塩ひとつまみを入れ、混ぜる。

3　小さなボウルに 1 を適量ずつ入れ（一気
に入れると水分が出すぎるので注意）、2 を少
しずつ加えて衣をまとわせる。

4　揚げ油を 170℃に熱し、3 をそっと入れる。
しばらくいじらず、浮いてきてまわりの泡が小
さくなってきたら返し、もう片面も揚げる。両
面こんがりきつね色になったらそっと引き上げ
る。好みで塩やしょうゆをつけて食べる。

じゃがいものガレット（2人分）

1　じゃがいも2個はせん切りにする。

2　直径18cmのフライパンに1を広げ入れ、塩少々をふる。オリーブオイルをまわりから適量まわしかけ、火にかける。

3　しばらく動かさずにそのまま焼く。ある程度焼けたらヘラで表面を押し、安定させる。裏面を見て、油が足りないようだったら少しずつ足し、揚げ焼きするイメージで焼いていく。裏面に焼き目がついたのを確認してから返し、もう片面もこんがり焼く。

にんにく入り肉じゃが（4人分）

1　じゃがいも3個は4等分、玉ねぎ2個は
6等分のくし形切り、にんじん1本は乱切りに
する。豚肩ロース薄切り肉120gは、食べやす
い大きさに切る。結びしらたき150gは、5分
ほどゆでてざるにあける。

2　鍋にしらたき以外の1とにんにくしょうゆ
漬け（半割り）4片、ごま油大さじ2を入れ、ざっ
と炒めて油をなじませる。だし汁2～3カッ
プ（鍋に対してひたひたよりも少なめくらいを
目安に）としらたきを加え、煮立ったら砂糖大
さじ2と1/2を加えて落としぶたをし、ふた
をする。

3　じゃがいもがやわらかくなったらにんにく
じょうゆ大さじ1、しょうゆ大さじ2と1/2
を加え、鍋をゆすって調味料を全体に行き渡ら

せる。再び落としぶたをして、煮汁が半分くら
いになるまで強めの中火で煮詰める。

4　絹さや3～4枚をゆで、斜め半分に切る。
3を器に盛り、絹さやをあしらう。

◉メモ

・にんにくしょうゆ漬けは、生のにんにく数片
を瓶に入れ、しょうゆを注ぎ入れて漬けたもの。
にんにくが真っ黒になるまでには3カ月ほど
かかりますが、1週間ほどでしょうゆはにんに
く風味になります。にんにくじょうゆがない場
合は、薄切りにしたにんにくをしょうゆに漬け
てひと晩おいたもので代用してください。

・ヘラで混ぜたりせず、鍋をまわして調味料を
行き渡らせることで、じゃがいもや玉ねぎが煮
くずれることなく味が染みます。

じゃがいものたらこあえ（2人分）

1　じゃがいも（メークイン）2個は、スライサーで薄切りにしてからせん切りにする。

2　鍋に湯を沸かし、1をさっとゆでて水にさらす。ざるにあけ、水けをしっかりきる。

3　たらこ1/2腹は薄皮を開いて身をこそげる。

4　2に3を加え、あえる。好みでレモンを搾ったり、オリーブオイルをまわしかけてもよい。

玉ねぎステーキ（2人分）

1　玉ねぎ1個は繊維を断ち切るようにして1.5cm幅の輪切りにし、バラけないように楊枝をさす。

2　両面に軽く塩をふってなじませ、薄く薄力粉をまぶす。

3　フライパンに2を並べ入れ、オリーブオイル大さじ1を加えて火にかける。両面にこんがり焼き目がついたら器に盛り、かつお節適量をのせてポン酢しょうゆをまわしかける。

じゃがいもとコンビーフのグラタン（250mlの器2個分）

1　じゃがいも2個は薄切りにする。コンビーフ80gを手でほぐす。耐熱の器にじゃがいもとコンビーフを交互に半量ずつ入れる。

2　1に生クリーム200ml弱を様子を見ながら半量ずつまわしかけ、器の2/3くらいまで入れる。溶けるチーズ100gを半量ずつこんもりのせ、バター10gを半量ずつのせる。

3　200℃のオーブンで20分ほど、こんがり焼き目がつくまで焼く。

●メモ　大きい器で焼くとサプライズにもなっていいけれど、これくらい小さな器だとアツアツのまま食べきれるし、4人で分けたらあっという間のこの量が、意外とちょうどよかったりします。薄力粉を使ってないぶん、見た目よりもあっさりな味わいです。

じゃがだんご汁（2〜3人分）

1　じゃがいも2個は皮つきのままよく洗って鍋に入れ、かぶるくらいの水を注いで火にかける。じゃがいもが割れるくらいまでやわらかくなったら湯を捨て、皮をむき（やけどに注意しながら）、めん棒などでつぶす。

2　薄力粉大さじ3（じゃがいもの水分量によるので様子を見ながら加える）、塩ふたつまみを加え、ねり混ぜる。

3　玉ねぎ1/2個をざく切りにして別の鍋に入れ、だし汁3カップを注いで火にかける。玉ねぎに火が入ったら、2を団子状に丸めて真ん中を少し指で押し、加える。団子が浮いてきて透明感が出てきたら、みそ大さじ2〜3を溶き入れる。

4　椀に盛り、万能ねぎ少々を刻んであしらう。

●メモ　じゃがだんごは、少量のだし汁でだんごを煮てから牛乳や生クリームを加えてクリーム煮にしてもおいしいです。

にんにくチップと粉ふきいものサラダ（2〜3人分）

1　じゃがいも2個は大きめのひと口大に切る。玉ねぎ（小）1/8個は薄切りにし、水にさらして水けをきる。ケッパー大さじ1は刻む。

2　にんにく2片は薄切りにしてフライパンにオリーブオイル大さじ2と合わせて熱し、こんがり焼けたら取り出す。オイルもとっておく。

3　鍋にじゃがいもとかぶるくらいの水を入れ、火にかける。じゃがいもがすっかりやわらかくなったら湯を捨て、再び鍋を火にかけ、から炒りして粉ふきいもにする。

4　3が熱いうちに1の玉ねぎとケッパーを加えてさっくりと混ぜ合わせ、器に盛る。2のにんにくをちらしてとりおいたオイルをまわしかけ、塩少々をふる。

カレーライスが主役です

みんなが大好き！と声を上げる人気メニューのひとつ、カレーライスは日々のごはんにも、もてなしの主役にもなる便利な料理です。

仕込んでおけば慌てることもなく、さっと出せるし、忙しいときや、急に決まったごはん会で準備する時間が少ないというときにもいい！

スパイスを入れることでごちそう感が出るので、そのときの気分でスパイスをいろいろ変えていますが、今一番のお気に入りはターメリックやクミンといった、いわゆるカレースパイスに花椒を加えたスパイス使いです。

カレーは仕込んでいる香りもごちそう。友人たちを、このスパイシーな香りでお出迎えというのもいいもんです。

あとは切ってあえるだけの地魚を使ったサラダやピクルスと季節の果物を用意しておけばOK。

ご飯は炊きたてのつやつやに限る。主役のカレーのおいしさが一層アップします。カレーは鍋ごと、ご飯はお櫃に移すでもいいし、土鍋ごとの場合も。自分で好きなだけ盛るスタイルは気楽だし、気に入ってます。

チキンのスパイスカレー

◎材料（4人分）

鶏もも肉　2枚（約500g）

塩　小さじ1

玉ねぎ　1個（約200g）

しょうが　1片

にんにく　1片

ズッキーニ　1本（約200g）

オクラ　14本

オリーブオイル　大さじ4

A 花椒、パプリカ、ターメリック、コリアンダー
　（すべてパウダー）　各小さじ1
　クミンシード　小さじ2

バター　20g

しょうゆ　大さじ1

炊きたてご飯（左記）　適量

◎作り方

1　鶏肉は水けをペーパータオルでよくふき取り、余分な脂を取り除く。ひと口大に切り、塩をふってなじませる。

2　玉ねぎ、しょうが、にんにくはみじん切りにする。

3　ズッキーニは1.5cm幅の輪切り、オクラはガクのかたく角張った部分をむく。

4　鍋に2とオリーブオイルを入れ、ふたをして火にかける。時々、ヘラで混ぜながら蒸し炒めにする。

5　玉ねぎがしんなりしてやや茶色っぽくなってきたら1の鶏肉を加え、白っぽくなるまで炒める。

6　Aを加え混ぜ、香りが立つまで炒め合わせる。3を加えてふたをし、弱めの中火で10分ほど蒸し煮にする。野菜の水分が出て、くったりとやわらかく煮えたらバターを加え、味をみてからしょうゆと塩（分量外）でととのえる。

7　器に6とご飯を盛りつける。

◎メモ　野菜から出る水分が少なかった場合は、水を少量足して調節してください。

炊きたてご飯

◎材料（4〜5人分）

米　3合

◎作り方

1　米はとぎ、ざるに上げて10分ほどおく。

2　ふたのしっかりしまる厚手の鍋、または土鍋に1と同量〜1.2倍の水を入れて20〜30分浸水させる。

3　2を強火にかける。沸騰してきたら弱火にして10分炊き、火を止めて10分蒸らす。

4　軽く混ぜて器に盛りつける。

◎メモ　レシピの炊き方はあくまでも目安です。使う鍋や、米によっては浸水時間や炊く時間を加減してください。メーカー指定の炊き方がある場合は、その方法で炊きましょう。炊飯器で炊いても。

地魚と野菜のサラダ

◉材料（4人分）
金目鯛（刺身用 さく）　200g
紫玉ねぎ　1/2個
ベビーケール　30g
レモン　1/2個
塩　小さじ1/4くらい
薄口しょうゆ　小さじ1/2
◉作り方
1　金目鯛は薄切りにし、塩と薄口しょう
ゆであえてからレモンを搾り、さっとあえる。
2　紫玉ねぎは繊維をたち切るように薄切
りにする。ベビーケールは葉を適当な大き

さにちぎる。
3　ボウルに1と2を入れ、あえる。
◉メモ
・金目鯛以外に、鯛などの白身の刺身や
アジ、イワシ、イカ、タコなどでも楽しん
でいるメニュー。切ってあえるだけですが、
近所でとれた季節のお魚がいい仕事をして
くれます。
・ベビーケールの代わりに、パセリや青じ
そなどの香りもの、京菜や生食用のほうれ
ん草などでも。

ピクルスと季節の果物

カレーのつけ合わせになる薬味は、ご自身で漬けている
ものがあればそれを。なければ市販のもので。
らっきょう、きゅうりやにんじんのピクルス、甘酢しょ
うが、福神漬けなどいくつか種類があると、合わせる楽
しみや味わいも広がります。
デザートは特に用意せずとも季節の果物を切って出す！
撮影時には国産のパイナップルが出回っていました
（P124）。これも四季がある日本ならではのこと。それ
を家族や友人たちとこんな季節になってきたね〜と、共
有するのも幸せな時間です。

日々のごはん作りはもちろんですが、ごはん会のときにもだしは何かと使えます。
煮物、おでん、鍋物、茶碗蒸しや、だし巻き玉子を作るときにも。
いざ料理を作ろうとなってからだしをとることになると、時間も手間もかかります。
なので、わが家はたいてい晩ごはんのあと、大きめのポットにあご、かつお節、昆
布などを入れ、水を注いで冷蔵庫にひと晩おいておきます。それだけで朝にはおい
しいだしがとれているので手間なし。これでいつでも料理にとりかかれるわけです。
だしをとったあとの昆布やかつお節は佃煮にして、お弁当やおむすびを作るとき
に使用。水を注ぐだけでできるだしで、一石二鳥どころか三鳥も四鳥も！ 余すこ
となく旨みをいただいています。

具なしみそ汁（4人分）

だし汁3カップを鍋に入れて火にかける。煮立った
らみそ大さじ3〜4を溶き入れる。

● メモ　最近のお気に入りは自家製の白みそを使った
具なしみそ汁。ポタージュのようなとろんとした舌ざ
わりのやさしい味わいです。途中、お酒を休憩して胃
を休めてもらうように、あるいは〆のご飯のときに、
邪魔にならない程度の汁物として作ります。

131

大きい器で茶碗蒸し（直径19×高さ8cmの耐熱の器1個分）

1　ゆり根1/2個（約60g）は1枚ずつはがす。ゆで蟹肉50gは身をほぐし、ともに耐熱の器に入れる。

2　ボウルに卵3個を割りほぐし、塩小さじ1/2、しょうゆ小さじ1を加えて混ぜる。だし汁250mlを加え、さらに混ぜ合わせる。

3　2を漉し器にかけながら1に注ぎ入れる。

4　蒸気の上がった蒸し器または蒸籠に3を入れ、強火で3〜4分、弱火で30〜40分ほど蒸す。串をさして澄んだ汁が出たら出来上がり。三つ葉適量を粗く刻んでのせる。

❷メモ　器はつるんとしたもので、それほど厚みがないもののほうが上手に蒸し上がります。1人分ずつの器で蒸す場合は強火で2分、弱火で20分を目安に蒸してください。具材はほかにえび、鶏肉、しいたけ、ぎんなんなどでも。

だし巻き玉子 (2〜3人分)

1 　ボウルに卵4個を割りほぐし、だし汁大さじ3としょうゆ小さじ1を加えて混ぜ合わせる。

2 　卵焼き器に油小さじ1を熱し、1を1/4量くらい流し入れる。菜箸でざっと混ぜ、端にまとめる。1/3量をさらに流し入れて焼き（焼いた卵の下にも）、2つ折りにする。これをあと2回繰り返す。

3 　皿に盛り、大根おろしを適量添えて好みでしょうゆをたらす。

● メモ　卵がくっつきやすい場合は、卵液を流す前に卵焼き器にそのつど油を少しひくか、ペーパータオルに油を含ませ、なじませてください。

おでん（2～3人分）

1　大根15cmは3cm幅に切り、皮を厚めにむく。面取りをして、片面に十字に切り込みを入れ、水から下ゆでする。串がすっと入るくらいまでやわらかくなったら、ひとつひとつ水洗いする。

2　卵3個は好みのかたさにゆでて殻をむく。

3　鍋にだし汁適量と昆布（約20×5cm）1枚を入れる。昆布がやわらかくもどったら一旦取り出し、適当な大きさに切って結ぶ。

4　3に1の大根と玉ねぎ丸ごと2個を入れ、だし汁をかぶるくらいに加え、ふたをして弱めの中火にかける。玉ねぎがやわらかく煮えたら3の昆布を戻し入れ、2のゆで卵、薄口しょうゆ小さじ2も加えてひと煮する。

5　みそ大さじ3、煮切ったみりん大さじ2、長ねぎの粗みじん切り15cm分、柚子の皮のすりおろし適量ずつを合わせたものやねり辛子を添える。

野菜の揚げ浸し（4〜5人分）

1　つゆの素（P196）130ml に好みの味加減になるよう様子を見ながらだし汁 1 と 1/2 〜 2 カップを加え混ぜ、バットに入れる。

2　なす 5 本は皮を縞模様にむき、ひと口大に切る。パプリカは種を取り、ひと口大に切る。かぼちゃはワタと種を取り除き、ところどころ皮をむいて 1.5cm 幅のひと口大に切る。

3　揚げ油を 180℃に熱し、なすとパプリカに薄く片栗粉をまぶし、順に揚げる。揚げ油を 170℃に下げ、かぼちゃを素揚げする。揚がったそばから油をきらずに 1 のつゆに浸ける。

4　30 分ほど浸けたら出来上がり。すぐに食べても、ひと晩おいて片栗粉の衣がとろりとしたのもそれぞれにおいしい。

● メモ

・揚げた野菜の油はきらずにつゆに入れるのがポイント。つゆに油が加わって旨みが増します。

鍋を囲む

材料さえ切ってしまえば、食卓で仕上げることができる
から、急いでごはんの用意ってときによく鍋が登場します。
忙しいときは連日なんてことになるから、家族から文句が出
ないよう、だしを変え、具材を変え、切り方を変え、薬味の種
類を多めにと、家族好みにできるよう常に冷蔵庫にタレや薬味を
準備しています。
今回紹介する鍋は、野菜はすべてせん切り。すぐに煮えてさっと
食べられるし、見栄えもよしなので、お客様にも好評です。
しょうがをたっぷり切って具にするのがポイントかな。

しょうがときくらげ、豚肉の鍋

● 材料（4人分）
しょうが（あれば新しょうが）　100g
生きくらげ　（大）10枚くらい
豚バラしゃぶしゃぶ用肉　300g
長ねぎ　2本
A ┃ 野菜だし　6カップ
　 ┃ あごだし　2カップ
塩、薄口しょうゆ、または魚醤　各適量
すだち　適量

● 作り方

1　しょうがときくらげはせん切りにする。長ねぎは7〜8cm長さに切り、さらに縦に薄く切る。

2　鍋にAを適量合わせ入れ、火にかける。煮立ったら、しょうがときくらげを加える。再び煮立ったら、味をみてから塩と薄口しょうゆで味つけし、長ねぎと豚肉を加えながらしゃぶしゃぶする。煮えばなから器に取り、すだちを搾って食べる。汁が少なくなったら、そのつどAを足して味を調節する。

3　具材をすべて食べ終わったら豆乳（分量外）を加え、静かに温める。好みで軽く水きりした豆腐を加えたり、ご飯を加えて雑炊にしたり、麺を加えたりして〆にする。好みで黒酢をかけて食べてもいい。

● メモ

・野菜だしとは、日々の料理の最中に出た野菜の皮やヘタを、だしをとる要領で煮出した汁。野菜だしは甘みがあるので、今回はこれにあごだしを加え、風味豊かな味わいの鍋にしました。野菜だしはスープにしたり、おみそ汁や煮物、シチューなどのベースとしても使っています。

・きくらげはなかなかメインになりにくい食材だけれど大好物ゆえ、今回は鍋の主役に。最近は国産のきくらげが乾燥、生と、どちらもあるので、ぜひ、国産の大きいきくらげを使ってください。

鍋の〆は豆腐

ご飯やうどん、お餅で〆るのに飽きてきたというのと、最後にドンと重たいものを食べられなくなってきたっていうのが正直なところ。

鍋に豆腐はつきものだけど、〆に食べるのは新鮮で、評判よし。豆腐をさっと温めて食べたり、じっくりコトコト煮込んでほろほろになったところをすくって食べたり。汁に豆乳を加えて味を変えて食べると、鍋底に一滴も残りません。

ブロッコリーと黒ごまのあえもの

● 材料（2〜3人分）
ブロッコリー　1個
黒いりごま　大さじ1と1/2
A［砂糖　小さじ1
　塩　ひとつまみ
　薄口しょうゆ　小さじ1

● 作り方
1　ブロッコリーは小房に切り分ける。茎は皮を厚めにむいて食べやすい大きさに切る。
2　鍋に湯を沸かし、塩（分量外）少々を加えて1を好みの加減にゆでる。ざるにあけ、湯をきる。
3　黒ごまをすり、Aを加え混ぜる。
4　3に2を加え、食べる直前にあえる。

麸の白みそあえ

● 材料（2〜3人分）
麸　20g

A
┌ 白みそ　20g
│ ねり辛子　小さじ2くらい
│ 砂糖　大さじ1〜1と1/2
│ しょうゆ　ほんの少し
└ 酢　大さじ1と1/2

● 作り方
1　麸は水でもどして食べやすい大きさに切り、水けをしぼる。
2　Aを混ぜ合わせ、1を加えてあえ、30分ほどおいて味をなじませる。

キャベツの柚子こしょうあえ

● 材料（4人分）
キャベツの葉　3枚
柚子こしょう　小さじ1くらい
塩　ひとつまみ

● 作り方
1　キャベツはひと口大に切る。鍋に湯を沸かし、キャベツを好みの加減にゆでる。ざるにあけ、広げて湯をきる。
2　1が熱いうちに柚子こしょうと塩を加えてあえる。

● メモ　柚子こしょうにも塩けがあるので、味見しながら加えること。ゆでたキャベツはしぼらずにあえ、あたたかいうちに食べます。

「じゃあ、明日、ごはん食べに来る？」
「お母さん、明日うちで友達と勉強会するんだけど、何か作って」
「サクッと会って何か食べながら打ち合わせる!?」
なんて感じに、子どもの都合や仕事などでも急に決まることがあるごはん
会。そんなときには、家にある常備の野菜や缶詰などを駆使して、急遽メ
ニューを考えます。
1品だけではなく、スープやサイドディッシュになりそうなものがあれば、
食卓がにぎやかに。これは、急だからこそのひと手間をかけたいなと思い、
乗り切ってきた、わたしの急なごはん会のときの十八番メニュー。パパッ
とできて、わっという歓声も上がるのはこんなお料理たちです。

マッシュポテト（作りやすい分量）

1　じゃがいも3個はひと口大に切って水から塩ゆでし、湯
をきってからマッシャーやヘラなどでしっかりつぶす。
2　1にバター50gと牛乳適量を少しずつ加えながら、弱
めの中火にかけて好みのやわらかさになるまでねり混ぜる。
● メモ　ハヤシライスのつけ合わせに。作りおきするとかた
くなるので、食べる直前に牛乳を加えてのばしてください。

ハヤシライス（4人分）

1　玉ねぎ1個とマッシュルーム6〜8個は薄切りにする。
にんにく1片はみじん切りにする。
2　厚手の鍋にバター大さじ2とオリーブオイル大さじ1
を入れて火にかけ、にんにく、玉ねぎをしんなりするまで炒
める。マッシュルームを加えてさっと炒め合わせる。
3　牛赤身切り落とし肉300gはひと口大に切って塩小さじ
1をふり、2に加えて炒め合わせる。ある程度火が通ったら
缶汁ごとボウルに出し、手でつぶしたトマトの水煮缶400g
とデミグラスソース缶290gを加える。15分ほど煮、しょ
うゆ小さじ1を加えて味をととのえる。
4　皿にご飯を盛り、3をかけてパセリ適量を細かく刻んで
ちらす。
● メモ　マッシュルームは、しめじやエリンギで代用しても。

パパッと作れて、おなかも満足

ビーツのマリネ（作りやすい分量）

ビーツ 300g は皮つきのままアルミホイルで包み、200℃に温めたオーブンで 1 時間ほど、串をさしてすっと通るまで焼く。粗熱をとり、皮をむいて食べやすく切る。塩を軽くふってレモン汁、または白ワインビネガーを少し加えてあえる。

ビーフストロガノフ（4人分）

1　玉ねぎ 1 個とエリンギ 160g は薄切りにする。マッシュルーム 6 〜 8 個は 4 等分にする。

2　厚手の鍋にオリーブオイル大さじ 2 を入れて火にかけ、玉ねぎ、きのこ類を順に加えながらしんなりするまで炒め合わせる。

3　牛赤身切り落とし肉 300g はひと口大に切って塩小さじ 1 をふり、2 に加えて炒め合わせる。ある程度火が通ったら薄力粉大さじ 1 をふり入れてさらに炒める。

4　白ワイン 100ml を加え、ふたをして 10 分ほど弱めの中火で煮る。

5　生クリーム 200ml を加えてひと煮し、サワークリーム 90g とみそ大さじ 1 を加える。

6　皿にご飯を盛り、5 をかける。

ツナと大根おろしのパスタ（1人分）

1　鍋にたっぷりの湯を沸かし、塩適量を加え
てパスタ 100g を好みの加減にゆでる。
2　貝割れ大根 1/2 パックは根元を切る。
3　1のゆで汁をきって器に盛り、大根おろし
大さじ 2 と缶詰のツナをカレースプーン 2 杯
分ほどのせる。
4　2をちらし、しょうゆ適量をまわしかける。
●メモ　お酒を飲んでいるときは意外とこうい
うのがいい。〆に出しても、つまみ感覚で合間
に出しても。

いんげんのサラダ（4人分）

1　さやいんげん20本はヘタを除く。塩適量
を加えた湯でやわらかめにゆで、さやの筋を割
いて半割りにし、長さを半分に切る。
2　アボカド1個は半分に切って切り口にレ
モン汁適量をふる。
3　マッシュルーム5個は薄切りにし、レモ
ン汁適量をふる。
4　ボウルにスプーンですくった2を入れ、
塩ふたつまみ、こしょう少々、柚子こしょう小
さじ1くらい、オリーブオイル大さじ2を加え、
さっくり混ぜる。
5　1と3を加えて軽くあえ、器に盛る。
◉メモ　アボカドがあえ衣の役割。やわらかめ
のものを選ぶといいです。

あさりとのりのパスタ（1人分）

1　鍋にたっぷりの湯を沸かし、塩適量を加え
てパスタ100gを好みの加減にゆでる。
2　あさり（砂出ししたもの）125gをフライ
パンに入れ、酒大さじ1を加えてふたをして火
にかける。あさりの口が開いたら1のパスタを
引き上げて加え、バター大さじ1と合わせてひ
と炒めする。味をみてゆで汁を加えて調節する。
3　器に盛り、香りのよい焼きのり適量をち
ぎってちらす。
◉メモ　あさりの塩分が少ないときは、しょう
ゆ味にすることもあります。

大きいオムライス（1〜2人分）

1　ベーコン 40g、玉ねぎ 100g、にんじん 60g はそれぞれさいの目に切る。さやいんげん 10 本は 1cm 幅の小口切りにする。

2　フライパンに油大さじ 1 を熱し、ベーコン、玉ねぎ、にんじんの順に加えながら炒める。玉ねぎが透き通ってきたらトマトケチャップ大さじ 3 とソース（ウスターでも中濃でも）小さじ 1 を加え、さらに炒める。

3　冷凍ご飯 400g を温め、いんげんとともに 2 に加えて炒める。塩小さじ 1/3 くらいを加えて炒め、味をみて足りなければしょうゆ少々を加えてととのえる。一旦、ボウルに取り出す。

4　フライパンをペーパータオルでさっとふき、油小さじ 2 を熱する。卵 3 個を割りほぐし、全体に流し入れて薄焼き卵を焼く（しっかりと焼くか、表面が半熟かは好みで）。

5　4 の真ん中に 3 をのせ、形を整えながらまわりから卵をかぶせるようにする（ここでしっかりと包まなくてもいい）。フライパンを逆手に持ってオムライスを片方に寄せ、皿に返すようにして盛りつける。ペーパータオルなどで包むようにして形を整える。好みでトマトケチャップやトマトソースをかける。

◉メモ　何もないときは、冷凍ご飯と、冷蔵庫にいつもあるにんじんや玉ねぎ、卵が役に立つ！　見た目もかわいいので、ランチどきの急なごはん会はこれに助けられています。

オムライスに添える
野菜スープ（2人分）

1　にんじん30gとじゃがいも50gはそれぞれさいの目に切る。

2　鍋に鶏スープ2カップを入れ、1を加えて火にかける。野菜がやわらかくなったら塩で味をととのえ、パセリ適量を細かく刻んでちらす。

◉メモ　鶏スープは手羽先の取り除いた先（P166）をまとめて煮出し、冷蔵、または冷凍しておいたもの（これをストックしておくと便利です）。ない場合は、顆粒の鶏ガラスープの素を湯で溶いたものや、和風だしで代用しても。

リクエストのしらす

うちに遊びに来ると決まって「しらす食べたい！　しらす買える？」と言う人は少なくありません。

ふわふわした食感と海を感じる程よい塩けは、ほかの何にも変えがたいもの。それを知ったのはこちらに住処を移してから。とれたてを釜揚げにしたものや生しらすがあれば、何杯でもご飯が食べられちゃう。家族も大好き。ありがたいことに、家の近くでおいしいしらすが揚がるので、しらす漁のある時期は本当に驚くほどよく食べています。

とれたてのおいしさを友人たちと共有したくて、しらすを使った献立のごはん会をしてみたところ大好評！　「また、あれやって！」と、しらす好きの友人たちは飽きることなくリクエストしてくれます。しらすを一層おいしく食べるために、ご飯は炊きたてに限ります。あれこれ料理がない分、ご飯炊きに力を注ぎます。

そうそう、生しらすは保存がきかないので、その日のうちに食べきること。買ったらすぐに下ごしらえしておけば、苦味が出ることなくおいしく食べられます。

黄身のせしらす丼

● 材料（1人分）
釜揚げしらす　適量
生卵の黄身　1個分
しょうゆ　適宜
炊きたてご飯（P126）　茶碗1杯分
● 作り方
1　茶碗にご飯を盛り、釜揚げしらすをたっぷりのせる。
2　卵黄をのせ、好みでしょうゆをたらす。

薬味のせしらす丼

● 材料（1人分）
釜揚げしらす　適量
新しょうが、青じそ、ししとうがらし　各適量
しょうゆ　適宜
ごま油またはオリーブオイル　適量
炊きたてご飯（P126）　茶碗1杯分

● 作り方
1　新しょうが、青じそはせん切りにする。ししとうは種を取って小口切りにする。
2　茶碗にご飯を盛り、釜揚げしらすをたっぷりのせる。
3　1をのせ、好みでしょうゆをたらし、オリーブオイルやごま油をまわしかける。

三つ葉のみそ汁

だし汁を温め、みそを適量溶き入れる。
三つ葉を食べやすい長さに刻んでちらす。

2種盛り丼

◉材料（1人分）
生しらす、釜揚げしらす　各適量
焼きのり　1/4枚
しょうゆ　適量
オリーブオイル、またはごま油　各適宜
炊きたてご飯（P126）　茶碗1杯分
◉作り方
1　生しらすは買ったらすぐに氷水でていねいに洗う。バットに厚手のペーパータオルを敷き、生しらすをできるだけ薄く広げ、冷蔵庫で冷やしておく。
2　茶碗にご飯を盛り、ちぎったのりをちらし、生しらすと釜揚げしらすを盛り合わせる。しょうゆをたらし、好みでオリーブオイルやごま油をまわしかける。

しらすと明日葉のかき揚げ

◉ 材料（2〜3人分）

生しらす　130g

明日葉　15g（軽くひとつかみくらい）

薄力粉　大さじ1と1/2

揚げ油　適量

かぼす　適量

◉ 作り方

1　生しらすは「2種盛り丼（P158）」の作り方1と同様に下ごしらえする。

2　ボウルに1と明日葉の葉をちぎって入れ、薄力粉を全体にまぶして底からさっくり混ぜる。粉っぽさがあるようだったら水を少し加え混ぜる。

3　2を大きめのスプーンですくって170〜180℃の揚げ油にそっと入れる。はじめはいじらず、衣がかたまったら返して揚げる。

4　器に盛り、かぼすを添える。

◉ メモ　しらすのかき揚げは地元では明日葉を合わせると教わりました。代用は青じそ、モロヘイヤ、春菊などで。

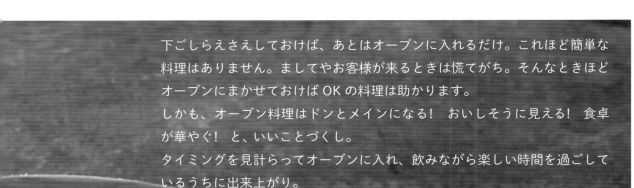

下ごしらえさえしておけば、あとはオーブンに入れるだけ。これほど簡単な料理はありません。ましてやお客様が来るときは慌てがち。そんなときほどオーブンにまかせておけば OK の料理は助かります。

しかも、オーブン料理はドンとメインになる！ おいしそうに見える！ 食卓が華やぐ！ と、いいことづくし。

タイミングを見計らってオーブンに入れ、飲みながら楽しい時間を過ごしているうちに出来上がり。

さあ、みんなといっしょに焼きたてのアツアツを食べよ！

オーブンまかせ

いつもある野菜を使って〜
丸ごと焼き(4人分)

1　にんじん3本、小ぶりのじゃがいも8個、小ぶりの玉ねぎ6個はそれぞれ皮つきのままよく洗い、丸のまま天板に並べる。200℃に温めたオーブンで20〜30分ほど焼く。

2　串をさしてすっと通るまで焼けたら、器に盛る。オリーブオイル、クミンシード、柚子こしょう、塩、こしょうなどを添え、好みのものをつけながら食べる。

◉メモ　糖度が高いにんじんは焦げやすいので、途中様子を見てアルミホイルをかぶせるなどして対応してください。

マカロニグラタン（3〜4人分）

1　玉ねぎ1個は薄切りにする。マッシュルーム3個は5mm幅に切る。鶏もも肉1/2枚（約130g）は小さめのひと口大に切って塩少々をふる。むきえび（大）8尾は「ヤンニョムシュリンプ（P176）」の作り方1と同様に下ごしらえする。

2　フライパンにバター30gとオリーブオイル大さじ1を入れて火にかける。バターが溶けてきたら1の玉ねぎを加え、炒める。

3　鍋にたっぷりの湯を沸かし、塩適量を加えてマカロニ120gをやや、やわらかめにゆでる。

4　2の玉ねぎがしんなりしたら1のマッシュルームと鶏肉、えびを加え、炒める。えびの色が変わったら、薄力粉大さじ3を加えて粉っぽさがなくなるまで炒め合わせる。

5　牛乳600〜800mlを少しずつ加えながら混ぜ、とろみをつける。塩小さじ1/2くらいで味をつける（バターの塩けがあるので、味をみて加減する）。

6　マカロニのゆで汁をきって5に加え混ぜる。

7　耐熱の器に6を入れ、溶けるチーズ20〜30gをのせてパン粉をちらす。200℃に温めたオーブンで20〜30分ほど焼く。

豚かたまり肉を使って〜
ローストポーク（4〜5人分）

1　豚肩ロースかたまり肉（ネットがかかっていない場合はたこ糸を巻いて形を整える）900gに塩13.5gをなじませる。ぴっちりラップをかけて食品用ポリ袋に入れ、冷蔵庫で3日おく。

2　ラップを取り除き、水分が出ていたらペーパータオルでしっかりふき取り、200℃に温め

たオーブンで30〜40分焼く。

3　ネットやたこ糸を取り除き、食べやすく切って器に盛る。クレソンとレモンを適量ずつ添える。

●メモ　肉になじませる塩の分量は肉の重量の1.5%くらいが適当。塩にもよるので何度か試して好みの塩分量をみつけてください。

手羽先を使って〜
照り焼きチキン（3〜4人分）

1　手羽先18本は水けをペーパータオルでしっかりふき取り、先を切り落とす。2本ある骨の間に包丁で3本切り込みを入れ、バットに並べる。

2　しょうがのおろし汁2片分、しょうゆ大さじ4、酒大さじ1、砂糖大さじ1と1/2を合わせて1によくもみ込み、半日ほど冷蔵庫におく。途中何度か上下を返して味をなじませる。

3　天板にオーブンペーパーを敷き、2の汁けをきって皮目を上にして並べる。200℃に温めたオーブンで15〜20分焼く。

4　一旦取り出し、しょうゆとみりん各大さじ1を合わせたタレを刷毛やスプーンの背で表面にぬり、5分焼く。同じタレをぬってさらに5分焼き、仕上げる。

● メモ　手羽先の先は水と合わせて煮出すと鶏スープができるので捨てないように（P153）。スープをとらない場合は切り落とさずにそのまま焼いてもよい。

スペアリブのはちみつ焼き（4〜5人分）

1 　バットににんにく2片としょうが2片をすりおろし、ナンプラー1/3カップとレモン汁40mlを加えて混ぜる。

2 　1にスペアリブ700gを漬け、冷蔵庫で半日おく。途中何度か上下を返して味をなじませる。

3 　天板にオーブンペーパーを敷き、2の汁けをきって並べる。200℃に温めたオーブンで20分ほど焼き、しょうゆとはちみつ各大さじ1を合わせたものを刷毛やスプーンの背で表面にぬり、5分焼く。同じタレをぬってさらに5分焼き、仕上げる。

4 　器に盛って香菜適量を粗く刻んでのせ、パイナップル適量をひと口大に切って添える。

韓国ドラマをみんなで観る日

娘の影響で韓国ドラマにハマっている。料理も然り。ドラマのなかにも家族や友人たちと食卓を囲むシーンが多く、そんな場面を観るたびに食べたい、作ってみたいと思いが募る。

娘が作ってくれる韓国料理がおいしくて、見よう見真似でわたしも作ってみる。調味料や韓国のりなどの材料をそろえておけば、すぐにできる手軽なものばかりなのがありがたい。

まだ韓国のスプーン、スッカラを2本しか持っていないけれど、韓国の食卓はこんな感じかしらと想像しながらテーブルセッティング。床に敷物を広げて料理を並べ、あぐらをかいてモリモリ食べるスタイルにしてみました。

ごはんでひとしきり盛り上がったら、ドラマを観よう。

スナップえんどうと絹さやのナムル

● 材料（4人分）
スナップえんどう　1袋（約10本）
絹さや　1袋（約14枚）
塩　適量
ごま油　大さじ1

● 作り方
1　スナップえんどうと絹さやは筋を取り、塩ゆでする。スナップえんどうはやけどに注意しながら、さやを半分に割る。
2　冷めないうちに塩小さじ1/4をふってごま油をまわしかけ、手でよくあえる。

韓国おにぎり

● 材料（10個分）
炊きたてご飯（P126）　1合分

A
[
サバの缶詰（汁けをきってほぐす）
　　1/3個（40g）
白菜キムチ（細切り）　50g
トマトケチャップ　小さじ2〜3
コチュジャン　小さじ1
韓国のり（ちぎる）　1枚
]

ごま油　少々
白いりごま、韓国のり　各適量

● 作り方
1　ご飯にAを加え混ぜる。
2　手に薄くごま油をぬり、1をひと口大の円形ににぎる。
3　器に盛り、白ごまをふってちぎった韓国のりをちらす。

わかめサラダ

◉材料（4人分）
わかめ（もどしたもの）　50g
きゅうり　1本
サラダ菜　1株
白髪ねぎ　10cm分

A
- ごま油　大さじ1
- 白いりごま　適量
- しょうゆ　大さじ1/2
- レモン汁　1/2個分

糸唐辛子　適量

◉作り方
1　わかめは食べやすく切る。きゅうりは斜め薄切り、サラダ菜は葉を1枚ずつはがす。白髪ねぎは水にさらし、水けをきる。
2　ボウルに1を入れる。Aを合わせ、食べる直前にボウルに加えて混ぜる。
3　器に盛り、糸唐辛子をちらす。

◉メモ　仕上げに糸唐辛子をちらすとたちまち韓国料理風に！

にらのチヂミ

◉ 材料（直径 26cm のフライパン 1 枚分）

A [薄力粉、片栗粉　各大さじ 5
　　塩　ひとつまみ
　　卵　2 個]

にら　1 束

ちくわ　1 本

B [黒酢　大さじ 2
　　砂糖、しょうゆ　各大さじ 1
　　長ねぎ（みじん切り）　5cm
　　白すりごま　大さじ 1]

油　適量

◉ 作り方

1　にらは 5cm 長さに切る。ちくわは薄めの輪切りにする。

2　ボウルに A を合わせ入れ、混ぜる。1 を加えてさらに混ぜる。

3　フライパンに油を熱し、2 を流し入れて焼く。こんがり焼き目がついたら返し、もう片面も焼く。

4　ひと口大に切り、B を合わせたタレをつけて食べる。

◉ メモ　この黒酢と長ねぎのタレもいいけれど、最近、韓国のハニーマスタードソース（市販）もお気に入り。

あさりのチゲ

● 材料（4人分）
白菜キムチ　200ｇ
豆腐　1丁
あさり（砂出ししたもの）　300g
万能ねぎ　4〜5本
昆布だし　4カップ
みそ　小さじ2〜3
● 作り方
1　豆腐は軽く水きりし、食べやすい大きさに切る。万能ねぎは5cm長さに、キムチはひと口大に切る。
2　鍋にだし汁を入れ、火にかける。煮立ったらキムチと豆腐を加えてひと煮する。
3　あさりは殻をこすり合わせてよく洗って加える。口が開いたら味をみてみそを溶き入れ、万能ねぎをのせる。
● メモ　みそのほか、しょうゆやナンプラーを加えても。献立によって卵や肉を加えるのもアリです。

ヤンニョムチキン、ヤンニョムシュリンプ

◎材料（4人分）
鶏もも肉　2枚（約500g）
むきえび　300g

A [玉ねぎ　1個
　　しょうが、にんにく　各1片]

B [トマトケチャップ　大さじ4
　　しょうゆ　小さじ2
　　オイスターソース、はちみつ、ナンプラー
　　　各小さじ1]

塩、片栗粉　各適量
油　大さじ1
揚げ油　適量

◎作り方

1　鶏肉は水けをペーパータオルでよくふき取り、余分な脂を取り除く。ひと口大に切って塩小さじ1/2をふり、食品用ポリ袋に入れて空気を抜き、袋の口をとじて30分ほど冷蔵庫におく。えびは背ワタを取り、片栗粉をまぶしてよくもむ。流水で洗い、水けをペーパータオルでふき取る。

2　Aはそれぞれみじん切りにする。フライパンに油を熱し、Aを炒める。薄茶色になったらBを加えて炒め合わせる。

3　1に片栗粉をまぶしつけ、170℃の揚げ油で鶏肉は4分ほど、えびは2分ほど揚げる。油をよくきり、2に加えてからめる。

◎メモ　えびに片栗粉をまぶすのは汚れとくさみを取り除くため。忘れずにやってくださいね。

果物でひと皿・夏

夏はもっぱら桃やあんず、プラムなどといったバラ科の果物と、ぶどう、メロン、スイカ。

そのまま果物として楽しむことも多いけれど、季節限定の果物は旬を逃しちゃならない！　時季の恵みを存分に味わうべく、料理にも積極的に取り入れます。

桃はサラダや冷製パスタに加えたり、チーズを合わせたり。ぶどうはサラダに加えて甘みを足したり、おいしい豆腐と合わせて白あえにしたり。メロンは正統派に生ハムといっしょに味わうのも好き。スイカにフェタチーズとオリーブオイルを合わせるのもハマりました。そんなに手を加えることなく、ほんの少しアクセントを添えるくらいな気持ちで作ります。あくまでも果物のおいしさ、みずみずしさ優先で。

桃とトマトのマリネ（4～5人分）

1　ミニトマト300gは、ヘタを取って4等分に切る。

2　ボウルに1と塩ひとつまみ、白ワインビネガー少々、はちみつ大さじ1を入れ、さっと混ぜ合わせて少し水分が出るまで15分ほどマリネする。

3　桃は割れ目に沿って包丁でぐるりと一周切り目を入れ、両手を前後にひねるようにして半分に割る。皮をむき、ひと口大に切って塩水、またはレモンを搾った水にさっとくぐらせて水けをペーパータオルでふき取る。

4　2と3を器に盛り合わせる。

❹ メモ　マリネにするトマトの種類はお好みで。桃の皮がかたくてつるんとむけない場合は、熱湯にさっとくぐらせると、簡単にきれいにむけます。

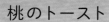

桃のトースト

1　桃適量を「桃とトマトのマリネ（P180）」
の要領で皮をむき、食べやすく切る。
2　食パン適量を軽くトーストし、1を適
量のせる。塩、こしょうを軽くふり、オリー
ブオイル適量をまわしかける。
◉メモ　オリーブオイルはちょっぴりスパ
イシーなものがおすすめ。桃の甘みが引き
たちます。

メロンモッツァレラ

1　メロン適量をひと口大に切る。モッツァレラ
チーズ適量も同じくらいの大きさに切る。
2　器に1を盛り合わせ、塩を軽くふってこしょ
う適量をひく。

生ハムメロン

メロン適量は好みの形に切って器に盛る。生ハ
ム適量をのせる。
●メモ　果物を使ったひと皿は果物の甘みに頼
るが一番。おいしい果物に出合ったら、いつも
と少し趣向を変えて食べてみると、ひと味違っ
た果物の味わいがみつかりますよ。

キウイときゅうりのサラダ（4人分）

1 キウイ2個ときゅうり1本はひと口大に切る。

2 1をボウルに入れ、塩少々をふってスプーンで軽く数回混ぜる。出てきた水分にオリーブオイルをふたまわし加え、さらにスプーンでやさしく混ぜる。

3 ちぎったディル適量を加え混ぜる。

4 器に盛り、水きりした無糖のヨーグルト適量をのせ、さらにディルをちらす。

● メモ 水きりヨーグルトの作り方＝小さいボウルにざるを重ねおき、ペーパータオルを敷いて無糖のヨーグルトを適量入れ、冷蔵庫に2時間おいて水分をきる。

キウイの天ぷら（2人分）

1　グリーンキウイ1個は縦4等分に切る。

2　ボウルに天ぷら粉と水各適量を合わせ入れ、さらさらとした軽めの衣を作る。

3　2に1をくぐらせ、170～180℃の揚げ油にそっと入れる。まわりがカリッと揚がったら引き上げる。

❍メモ　実験的にキウイを揚げてみたらおいしかったので、天ぷらのときのお口直し的な感じで出すようになったもの。何もつけずに、サクッと揚がった衣とキウイの甘酸っぱい果汁の組み合わせを味わってみて。キウイは果肉がしっかりしている緑色のグリーンキウイを使用してくださいね。

盛りつけの極意を教えてください、そんなご質問を受けたりすることがあります。ご覧の通り大雑把なもので、皿からはみ出さんばかりに大盛りにしたり、ちょいと上品に盛ってみたり、あえて添え物をしないとか、だいたいは作った勢いのまま盛りつけるというのが正直なところです。

ぐずぐずしているとあたたかい料理は冷め、冷たいものはぬるくなる。そのことのほうが気になります。盛りつけは料理を作りながらイメージしておく、が大事です。それから料理をする前に器を選んでおくのもいいですよ。いつも同じ器ばかり使わずに、日頃から新しい組み合わせを試してみると新たな発見があったりするものです。

形でいうとオーバルな器がひとつ食卓に入ると華やぎますし、案外盛りつけやすいのも魅力です。あとは色のついた器などでメリハリをつけたり。

ただこれは感覚なので好みでいいと思います。正解はありませんからね。自分がおいしそうだなと思う直感を信じましょ。

手巻きずしのときには大きな器が役に立つ。のりや酢飯、取り皿もあるから、具材はなるべくコンパクトにぎゅっと詰め込む。お客様のときにはひと目でわかりやすい食卓にすることも大事。各自大きめのプレートにおかずやご飯をいっしょに盛りつけたり、敷き盆やランチョンマットを使って、一人一人のスペースを作るのもいい。この器はもう30年のおつきあい。気に入っている器は割れた部分や縁がチップしたら、金継ぎをしてもらい、木の器は角を削ってもらったりして長く使い続けている。そんな味わいも盛りつけにひと役買ってくれている気がする（P49）。

いつも1人分ずつ作る茶碗蒸しを大きな器で作って、取り分けて食べたり。炊き込みご飯は各自茶碗に盛りつけずに大鉢でドンと出したり。反対にあえものやサラダを1人分ずつ盛りつけたりと、器使いにメリハリをつけると、いつもと違った表情になる（P133）。

盛りつけのこと

手でザクッとちぎったレタスの盛りつけは案外、難しい。葉を一枚一枚はがさずに重なったままざっくり切ると、形も美しくどんな器でも受け入れてくれ、ごちそう感が出る（P18）。

シンプルな料理のときほど器に悩む。この料理でいうとまず薬味の色味を決めて、紫玉ねぎが映えるような肌合いを選び、まな板と呼んでいる四角い板皿に合わせてみた（P209）。

来客のときにはお盆を器にすることも。大皿として使ったり、豆皿に盛りつけた薬味やしょうゆさしをお盆にまとめてテーブルにおくと、ちらからず、薬味やタレがわかりやすい（P155）。

カッティングボードはその名の通りまな板として、テーブル上で果物やバゲット、チーズなどを切ってそのままボードとしても使う。かたまり肉の料理や、カナッペ、サンドイッチの盛りつけにも重宝している（P41）。

形が違うものを盛り合わせるときには、重ねてみたり、整列させてみたり。写真の料理はいずれの野菜も切り口が丸いから、器は四角い形のものを選んだ（P204）。

長細いスペアリブはオーバル皿に。肉を盛りつけたあと、空いているスペースにたっぷりとパイナップルを。はみ出すくらい豪快にモリモリッと盛りつけるのが気に入っている（P168）。

海で遊んだあとは

海辺の街に引っ越してきて16年。娘は小さいときから夏の遊び場はほとんどが海。近所の友人と連れ立って出かけることもあれば、夏休みは学校のお友達と1日中ワイワイということも多くなってきて久しい今日この頃。

海から帰ってくると食べ盛りの娘たちは「ただいま〜！」の声も終わらぬうちに「おなかすいた〜！」の大合唱。海は体力使いますからね、老いも若きもそれは同じこと。同行した夫やパパ友、ママ友たちも同じく「おなかすいた〜！」と、なるわけです。

わたしはというと、みんなの帰り時間を想定しつつ、ご飯を炊いておむすびをにぎったり、とうもろこしをゆでておいたり。帰ってきたらすぐにご飯が食べられるようにいそいそと準備に励むのが夏のお決まりになりました。

きっとみなさんにもそんな夏があるんじゃないでしょうか。海から帰って、というわけじゃなくても、夏休み、子どもたちが遊びに来る日のお母さんは大忙しなはず。そんなときは前もって作っておけて、気取らず、どこで食べてもいいようにバットごと出せる、こんなメニューで乗りきってみてください。

食べても、食べてもまだ足りない！ そんな育ち盛りの、元気いっぱいのみんなをもてなす、おなかいっぱいメニュー。おむすび、焼きそば、焼きとうもろこしの"ザ・海の家的メニュー"のあとは、ちょっと落ち着いた胃袋をさらに満たす、天ぷらとそうめんも。

夏休みのザ・定番メニュー"焼きそばと焼きとうもろじ"のあとだから、天ぷらの具材にはちょっとしたサプライズを交え、子どもたちの驚きぶりを楽しみに作るのも、このところのわたしの密かな楽しみになっています。

ソース焼きそば

● 材料（4〜6人分）

蒸し中華麺　4玉

豚バラ肉　250g

キャベツ　1/2玉

にんじん　1本

もやし　2袋

A ⌈ ウスターソース　大さじ4
　 ⌊ しょうゆ　大さじ1

塩　適量

油　適量

紅しょうが、青のり　各適宜

● 作り方

1　豚肉は食べやすい大きさに切る。キャベツはざく切り、にんじんは薄めの拍子木切りにする。もやしはできる限りひげ根を取る。

2　大きめの鍋に油をひかずに豚肉を入れ、弱めの中火で肉を炒める。途中ふたつまみの塩をふり、肉の色が変わったらキャベツとにんじんを加え、ひと混ぜする。さらに塩をふたつまみふって、ふたをして蒸し焼きにする。

3　しんなりしたらもやしを加え、再びふたをしてもやしにも火を通す。

4　大きめのフライパンに油を熱し、麺を重ならないよう並べ入れる。そのままさわらず、焼き目がついたら返し、軽くほぐす。

5　3の鍋に4の麺とAを加え、炒め合わせる。

6　器に盛り、好みで紅しょうがや青のりを添える。

● メモ　野菜が多いレシピのため、フライパンひとつでは作りにくいので、まずは肉と野菜を大鍋で炒め、フライパンでカリッと焼いた麺を合わせるというやり方で作っています。

塩むすび

● 材料（4〜6人分）
炊きたてご飯（P126）　3合分
塩、あれば梅酢　各適量
みょうがの甘酢漬けなど　適量

● 作り方
1　ご飯は熱いうちに茶碗くらいの適当な大きさの器に入れては、まな板になどにひっくり返して出し、次々並べる。
2　手に梅酢（または水）少々をとって広げ、塩適量をなじませて、まな板に並べたご飯をにぎる。
3　バットに並べ入れ、みょうがの甘酢漬けを添える。

● メモ　炊きたてのご飯でにぎるおむすびはおいしいけれど、手が熱くなって大変！　ということで、まずは適当な大きさの器にご飯を入れて、ある程度のご飯のかたまりを先にいくつもこしらえておき、最初にのせたご飯からにぎっておむすびにします。そうすると、程よく熱気が抜け、熱すぎず冷めすぎずちょうどいい塩梅に。甘酢漬けは毎年手作りしていますが、市販のものでも、もちろんいいですし、ぬか漬けやきゅうりを塩もみしたものでもなんでも。塩むすびには香の物を添えると喜ばれます。

焼きとうもろこし

◉ 材料（4〜5人分）
とうもろこし　4本
塩、しょうゆ　各適量

◉ 作り方
1　とうもろこしは塩を加えた湯でゆでる。
2　焼き網またはグリルパンに1を並べて焼く。全体に焼き目がついたら刷毛やスプーンの背でしょうゆをぬり、さらに香ばしい焼き目をつける。

◉ メモ　ゆでたてでなくても、事前にゆでて冷凍しておき、当日焼いても。

夏の天ぷらとそうめん

[天ぷら]

● 材料（4〜5人分）
ピーマン　7個
ちくわ　3本
きゅうり　1本
納豆　50g
薄力粉　約大さじ2
A ┌ 薄力粉　1/2カップ
　└ 水　1/3〜1/2カップ
B ┌ 薄力粉　1/3カップ
　│ 青のり　小さじ2
　└ 水　1/4〜1/3カップ
揚げ油　適量
塩　適量
しょうゆ　適宜

● 作り方
1　ピーマンは丸ごと、ところどころ包丁で穴を開ける。ちくわは斜め半分に切る。
2　きゅうりは半分に切って種をスプーンなどでこそげてから1cm角に切って塩小さじ1/2をまぶし、30分以上おいて水けをしぼる。
3　2に薄力粉をまぶし、納豆を加え混ぜる。水少々を加え、粉っぽさがなくなり、衣を薄くまとっている感じにする。
4　AとBの衣をそれぞれ別の容器で混ぜ合わせる。
5　Aの衣にピーマン、Bの衣にちくわをそれぞれくぐらせる。
6　170〜180℃の揚げ油に5を順に入れ、衣がカラリとなるまで揚げる。3をスプーンでひと口大にまとめ、油にそっとすべらせるように入れる。しばらくいじらず、衣がかたまったら返して揚げる。好みで塩やしょうゆをつけて食べたり、そうめんといっしょにめんつゆで食べる。

[そうめん]

● 材料（4〜5人分）
そうめん　4わ
A ┌ つゆの素（下記）
　│ 　70〜80ml
　└ 濃いめのだし汁250ml
そのまんまトマトダレ（P80）
　適量
豆乳　適量
しょうが（せん切り）、万能
ねぎ（小口切り）　各適量

● 作り方
1　Aは合わせて冷やしておく。
2　たっぷりの湯でそうめんをゆで、流水でよく洗って氷水でしっかりしめてざるにあける。
3　好みのつゆやタレ、薬味を合わせて食べる。
● メモ　めんつゆは市販のものでもいいですし、トマトダレ（P80）や豆乳を加えて味変?!　食べ方は自由自在!　そば湯の要領で、最後はつゆを豆乳で割って飲むのが家族の流行りです。

[つゆの素]

● 材料
（出来上がり約1カップ分）
みりん　1カップ
しょうゆ　1カップ
砂糖　小さじ1〜2くらい

● 作り方
1　鍋にみりんを入れて火にかけ、沸々させてアルコール分を飛ばす。
2　火を止め、しょうゆを加える。味をみて砂糖を加えてそのまま冷ます。
3　保存瓶などに移し、そのままひと晩おいて味をなじませる。
● メモ　このつゆの素はわが家の定番。少し多めに作っておくと、だし汁で割るだけでめんつゆ、汁麺のスープ、煮物作りにと重宝します。しょうゆの塩分によっては塩を少し加えると味がしまるので、味をみて調節してください。つゆの素のまま保存瓶に入れて冷蔵しておけば、1カ月は保存できます。ですが、長い時間放っておくとしょうゆの味や香りが落ちますので早めに使ってくださいね。

196

グレープフルーツとオレンジのゼリー

◉ 材料（約1000mlの容器1個分）
グレープフルーツ（白と赤）　合わせて4個
オレンジ　2個
板ゼラチン　7.5〜9g
グラニュー糖　80〜100g（約大さじ8）
ディタ（ライチのリキュール）　適宜
◉ 作り方
1　グレープフルーツとオレンジは包丁で皮（白いワタ部分も）をむき、薄皮と薄皮の間にある果肉をひと房ごと包丁で切り出す。
2　薄皮に残った果肉を搾って果汁を取る（約350ml）。
3　板ゼラチンは約1カップの水につけてふやかしておく。

4　2をざるなどで濾して鍋に入れ、グラニュー糖を加えて弱火にかける。グラニュー糖が溶けたら1を加え、沸騰直前で水けをきった板ゼラチンも加えて火を止め、溶かす。
5　氷水に鍋底をあてて粗熱をとり、あればディタを適量加え混ぜる。
6　容器に流し入れ、冷蔵庫で3時間冷やしかためる。大きめのスプーンですくって器に盛りつける。
◉ メモ　グラニュー糖の量はお好みで。私はしっかり甘みをつけたいので多めです。果汁の量に合わせて味見しながら加減してください。

何かとハードルが高い印象の揚げ物ですが、ボリュームが足りない
ときは、パスタなどを作るよりも揚げ物のほうがうんとラクチン、
と思っています。

揚げるものはなんでもよし。冷蔵庫の中にある野菜でも肉でも魚で
も、ちくわやはんぺんなどの練り物も、切って揚げればいいだけ。
揚げ物の不思議とでも言いましょうか、たいしたことはしていない
のに、出来上がりは豪華なひと皿に見える。揚げているときの音に
も、揚げたてのアツアツを「どうぞ～!」と出したときも、みんな、
いい反応。これも揚げ物のいいところ。

わたしは厚手の鍋を、揚げ物用にと決めています。深さがあるので、
油少なめなら油ハネも少ないですし、厚手の鍋は油の温度が保たれ
るところもいい。いつもやっていることなので準備も後片づけも苦
になりません。具材の用意ができていれば、あとは鍋を出し、油を
注いで温め、具材を油に放り込むだけ。慣れればこの一連の動きが
流れるようにできます。

しかも揚げ物のあとはガス台を含め、すぐにまわりをきれいにふき
あげるから、いつもよりキッチンがきれいになるのも気持ちがいい。
まずは余裕のあるときにトライしてみましょう。そしてみなさん、と
にかく揚げ物に慣れてくださいな。そうすれば、ずいぶんとごはん
作りの幅が広がり、ラクになること間違いなしです。

たけのこや山菜など、この時季ならではの春の食材をふんだんに使った花見弁当のような献立は、この季節にしか味わうことができない苦味や甘みをともにいただき、短く儚い季節を慈しむ、そんな思いと、あれもこれも食べたい欲張りな気持ちを込めたもの。調理法によって、合わせる食材によって、こんなにも違った魅力あふれる春のごちそうは、お酒を飲むにもぴったり。
こんなふうにお弁当仕立てにして、花の下で一杯もいいですよね。

季節の献立・春

たけのこご飯

● 材料（4人分）

米　2合

ゆでたけのこ（姫皮部分含む）　200g

油揚げ　1枚

かつおだし　360 ～ 400ml

A ⎡ 塩　小さじ1と1/2

⎣ しょうゆ　大さじ1

● 作り方

1　たけのこは薄切りにする。油揚げは開いて粗みじん切りにする。

2　米をとぎ、土鍋に入れ、だしを加えて30分ほど浸水する。

3　2にAを合わせてひと混ぜし、1をのせる。

4　ふたをして強火にかけ、沸騰したら弱火にし、10分炊く。火を止め、10分ほど蒸らしてから軽く混ぜて器に盛る。あれば木の芽をたっぷりとちらす。

● メモ　炊飯器で炊いてもよい。鍋炊きについては P126 を参照してください。

グリーンピースの薄甘煮

● 材料（4人分）

グリーンピース　1カップ（正味）

昆布だし　2カップ

砂糖　小さじ2

塩　ひとつまみ

● 作り方

1　鍋にすべての材料を合わせ入れ、火にかける。

2　煮立ったらふたをし、弱火で静かに15分ほど煮る。火を止め、そのまま鍋中で冷ます。

● メモ　豆によって煮る時間が違いますので、必ず食べて確認し、ほっくりやわらかに煮上げてください。

たけのこステーキ、うどステーキ

◉材料（4人分）
ゆでたけのこ　200g
うど　1本
塩　適量

A
- 山椒の塩漬け（刻む）　大さじ2
- オリーブオイル　適量
- 木の芽（刻む）　適量

油　大さじ1

◉作り方

1　たけのこはかための下部分を1.5cm幅くらいの輪切りにし、大きいものはさらに半分に切る。うどは6〜7cmの長さに切り、皮を厚めにむいて5分ほど水にさらす。穂先は長めに切る。

2　フライパンに油を熱し、1を並べて焼く。ある程度全体に焼き目がついたらうどに軽く塩をふる。

3　器に盛り、Aを合わせたタレをたけのこにかける。

◉メモ

・山椒の塩漬けがなければ、水煮でも佃煮でも。

・うどの皮や穂先などは細切りにし、水にさらしてから油で炒め、しょうゆやみりんで味つけしてきんぴらにしてもおいしいです。

204

山菜のフリット

● 材料（4人分）
たらの芽、ふきのとう、こごみ　各適量

A
薄力粉　1カップ
ベーキングパウダー　小さじ2
ビール　1/2カップ強
塩　ひとつまみ

揚げ油　適量

● 作り方
1　たらの芽は根元部分のかたいところをむく。ふきのとうとこごみは、刷毛やキッチン用のブラシなどで汚れをはらう。
2　Aを合わせ、少しトロッとするくらいの衣を作る。
3　2に1をくぐらせ、170℃の揚げ油で2〜3分揚げる。
4　衣がふんわりと膨らんでカリッとしたら引き上げ、好みで塩をふる。
● メモ　この3種はアク抜きなどの下処理なしで食べられるとてもラクチンな山菜です。

ふきのおひたし

● 材料（作りやすい分量）
ふき　300g（正味）

A
だし汁　2カップ
塩　ふたつまみ
薄口しょうゆ　大さじ1

● 作り方
1　ふきはゆでる鍋のサイズに合わせて長さを切る。まな板にのせ、塩（分量外）適量をふって両手で転がしながら板ずりし、塩をしっかりとなじませる。
2　鍋にたっぷりの湯を沸かし、1を塩がついたまま入れて5分ほどゆでる。指でつまんでやわらかくなったら、水にとって薄皮と筋をむく。1日水に浸けた状態で冷蔵庫におき、アクをとる。
3　2のゆでたふき適量を5mm幅のやや長めの斜め薄切りにする。
4　容器にAと3を合わせ入れ、半日ほど浸して味を含ませる。
● メモ　作り方2のふきの水煮は、毎日水を替えて冷蔵庫で保存可。4〜5日の間に調理して食べきること。

季節の献立・秋

おいしい食材が出そろう秋。あれもこれも食べてもらいたい、作りたい！
そして自分自身もいただきたいところではありますが、ちょっとひと息、
落ち着いて、秋のはじまりはこんなシンプルな献立のごはん会からスタートさせることが多いかも。

炊き込みご飯と具だくさんの豚汁さえあれば、そんなに品数を作らずとも、
味わい的にも、彩り的にも秋らしくまとまるのがこの献立のいいところ。

とはいえ、おもてなしのときには小さくつまめるものをいくつか用意しています。

さっと焼くだけ、あえるだけのおかずは、大皿盛りにして取り分けるでも
いいし、豆皿に銘々に盛りつけてもサマになるもの。

まずはそれでひと通り楽しく飲んでから、最後に土鍋で炊いた炊き込みご飯と秋の豚汁で〆ます。

麩とわかめの酢みそあえ

● 材料（4人分）

丸麩 （小）8個

A ｜ 酢　大さじ3
　　 砂糖　大さじ4〜5
　　 みそ　50g

三つ葉　1束

わかめ（もどしたもの）60g

しょうゆ　少々

● 作り方

1　麩は水に浸し、やわらかくもどったら水けをしぼる。

2　Aは混ぜ合わせる。

3　三つ葉は沸騰した湯でさっとゆで、ざく切りにしてしょうゆであえる。

4　わかめはざく切りにする。

5　1と汁けをしぼった3、4を2の2/3量であえる。器に盛り、残りの2をのせる。

焼き油揚げ

● 材料（4 人分）
油揚げ　2 枚
紫玉ねぎ　1/2 個
しょうが　1 片
万能ねぎ（小口切り）　適量
しょうゆ　適量

● 作り方
1　フライパンを油をひかずに熱し、油揚げを両面こんがり焼く。
2　紫玉ねぎは薄切りに、しょうがは針しょうがにし、それぞれ水にさらす。
3　1 を食べやすく切って器に盛り、2 の水けをきってのせる。万能ねぎをちらし、しょうゆをたらす。

根菜の炊き込みご飯

◉材料（4人分）
米　2合
ごぼう、にんじん、れんこん
　生きくらげ　各40g
鶏もも肉　100g
A〔
　塩　小さじ1/2
　薄口しょうゆ　大さじ1
〕
◉作り方
1　ごぼうは薄い小口切りにし、水に5分ほどさらして水けをきる。にんじん、れんこん、鶏肉は小さめのひと口大に切り、鶏肉には塩（分量外）をひとつまみふってなじませておく。きくらげは細切りにする。

2　米をとぎ、土鍋に入れる。同量〜1.2倍の水を入れ、30分ほど浸水させる。

3　2にAを加えてひと混ぜし、1をのせる。

4　ふたをして強火にかけ、沸騰したら弱火にし、10分炊く。火を止め、10分ほど蒸らしてから軽く混ぜる。

◉メモ　炊飯器で炊いてもよい。鍋炊きについてはP126を参照してください。

秋の豚汁

◉材料（4人分）
豚バラ薄切り肉　120g
なす　3本
じゃがいも　（大）1個
だし汁　4カップ
みそ　大さじ2〜3
塩、しょうゆ　各適量
ごま油　適量
柚子の皮　適量

◉作り方
1　豚肉は細切りにする。なすとじゃがいもは縦半分に切ってから1cm幅の斜め切りにする。
2　鍋に1を入れて火にかけ、ごま油をまわしかけて炒める。全体に油がまわったらだし汁を加える。
3　煮立ったら弱火にして野菜に火が通るまで煮て、みそを溶き入れる。味をみて塩としょうゆでととのえる。
4　椀に盛りつけ、柚子の皮をせん切りにしてあしらう。

定番の〆

さんざん飲んで食べたあと、最後の最後に「ひと口ご飯が食べたい」って言い出す人がいても慌てません。鍋炊きなら20分くらいでご飯が炊き上がるし、その間に汁と香の物を用意すればいい。

汁物があると、するするとご飯がおなかにおさまり、心もやさしく満たしてくれるような気がします。

子どもたちからの〆のリクエストは、塩むすびが多いかな。

遠慮なく、食べたいって言ってもらえるのがうれしくて張り切って作りすぎたこともありますが、あくまでも〆ですからね。軽やかにシンプルに。

ご飯とみそ汁

炊きたてのご飯にみそ汁、それに香の物を添えて〆くくり。〆にさっと作るおみそ汁なので、具材は家にあるもので、特にみそ汁のために買い出しはなし。写真は万能ねぎとじゃがいものおみそ汁。こんな簡単なものでよしとする。香の物も、自分で仕込んだものでも買ってきたものでもよし。今回の香の物は実家の母が作ったたくあんと野沢菜古漬け。大盛りにせず、小盛りでね。

おむすび

手に水をつけて塩を適量なじませ、炊きたてのご飯を小さめににぎり、のりを巻く。
具は入れても入れなくても。〆の場合は、ちょっと塩をきかせた塩むすびのことが多い。

214

焼きおむすび

1　右ページ同様に、ご飯適量を平たい円形ににぎる。

2　フライパンにごま油少々を熱し、1を並べ入れ、両面にこんがり焼き目がつくまで焼く。

3　2の表面に刷毛やスプーンの背で半量にはしょうゆを数回、残りの半量にはみそをぬる。火を止め、余熱でさっと裏面も焼く。

◉メモ　焼きおむすびは、にぎりたてのものではなく、しばらくおいたくらいが米と米がしっかりくっつき合って落ちつくので作りやすいです。しょうゆやみそをつけた面を焼くのはほんとにさっとで。焦げに注意。

ひと口にゅうめん（1〜2人分）

1　そうめん1束は沸騰した湯で好みの加減にゆで、ざるにあけて流水でよく洗い、しめる。

2　小鍋に好みのだし汁300ml、しょうゆ小さじ1、塩適量を加えて温める。

3　2に1を加えてさっと煮て、器に盛る。針しょうが適量を水にさらし、水けをきってのせる。

ひと口ラーメン（4人分）

1　鍋に鶏ひき肉50g、酒大さじ1を合わせて軽く混ぜ、火にかける。

2　ひき肉が白っぽくなったら昆布だし3カップを加え、煮立ったらアクをとって塩小さじ1/4と魚醤（またはナンプラーや好みのしょうゆでも）大さじ1を加える。

3　生きくらげ2枚をせん切りにし、2に加えてさっと火を通す。

4　中華麺1玉を好みの加減にゆで、器に盛って3のスープを注ぐ。にら1本を小口切りにして、のせる。

●メモ　お酒を飲んだあとは麺が食べたいというより、スープが飲みたいって人が圧倒的に多いので、ご飯以外のリクエストのときには汁多めのこちらをお出しします。ラーメンの上に生にらを合わせるのがパンチがきいていて気に入っていますが、生にらが苦手な方はスープといっしょにひと煮するでも。

食事のあとの甘いものは、おもたせに甘えさせていただくことが多いです。

ごくごくたまにどなたかの誕生日やお祝いがあれば、習いたてのケーキを焼いたりすることもしますが、わたしが甘いものを作るとしたらあんこが多いかな。

あんこを煮るのは好きなので、地元の天草で寒天を作ってあんこを添えたり、季節だったらおはぎを作ったりすることもあります。

煮上がったあたたかいあんこはそのままでもおいしいから、小さなカップに入れ、スプーンを添えて、ていねいにいれたコーヒーといっしょにお出しします。

とはいえ、季節の果物をただ切るだけのときもあるし、板チョコを割っただけのときもあります。

全部自分でやろうとせず、ゲストにも頼るくらいのおおらかな気持ちで、気楽に楽しく、決めこまずに、と思っています。

あんこ（作りやすい分量）

1　小豆300gはさっと洗って、かぶるくらいの水と合わせて火にかける。煮立ったらざるにあけ、ゆで汁を捨てて再度かぶるくらいの新しい水と合わせて火にかける。このゆでこぼしを2〜3回繰り返し、豆の渋みをとる。

2　豆の皮がやぶれるくらいまでさし水をしながら1時間ほど煮る。やわらかく煮えたら、ひたひたよりも少ないくらいの煮汁になるようゆで汁を捨てる。

3　きび砂糖100〜150gを2〜3回に分けて加えながら10分ほど煮る。好みの甘みになったら塩ふたつまみを加え、味をしめて火を止める。

❷ メモ　残ったら小分けにして冷凍しておくと、いつでも食べられて便利。

目新しいものや旅先でみつけたものなど、気になったものは必ず使ってみます。そして「コレ、わたしの料理に合う」ってものがあったら、それまで使っていたものをやめて、あらたな調味料が台所に並びます。とはいえ、20年以上使っているものもあり、そうコロコロと変わることはないんですが、常に自分好みのものを探しています。調味料を変えるだけでいつもの料理に劇的に変化が生まれることも大いにあります。だからちょっともの足りないな、味がなかなか決まらないってときには調味料を変えてみるというのも手。そうやって台所仕事を続けてきました。

とにかく一番大切なのは自分の料理に合うもの、舌に合うものと思っています。

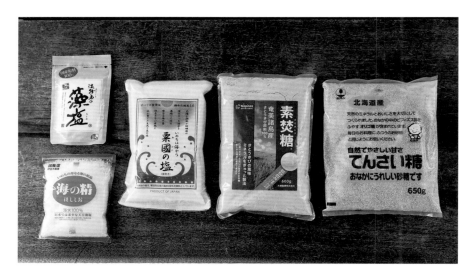

塩

◉ 粟國の塩（釜炊）［沖縄海塩研究所］
◉ 海の精 ほししお［海の精］
◉ 淡路島の藻塩［多田フィロソフィ］

塩は国産の海水塩に限る、と思っています。旅先などで出会って気に入ると、そこからは何回か取り寄せし、購入を続けています。今はこんな感じ。

砂糖

◉ てんさい糖［ホクレン］
◉ 素焚糖［大東製糖］

塩同様、決まったものはないけれど、最近はやさしい甘みのてんさい糖やきび糖を使うことが多いかな。白く仕上げたい料理には白砂糖、漬物にはザラメや氷砂糖と、使い分けをしています。

マヨネーズ

○ 松田のマヨネーズ（甘口）[ななくさの郷]
辛口もあるけど、うちは甘口派。手作り
のマヨネーズに近い味わいが気に入って
います。ずっと使い続けているもののひ
とつ。夫がマヨ好きなので、切らさない
ようストックしています。

酢

○ 米酢 富士酢 [飯尾醸造]
○ 米黒酢 玄米黒酢 [飯尾醸造]
普段使いには米酢と黒酢を。黒酢は加熱
すると甘みが出て、隠し味にもなるから
使う頻度も増えてきました。漬物など、
大量に使うときは穀物酢を使います。

オリーブオイル

○ フレスコバルディ・ラウデミオ
オイルも特にコレと決めているものはな
く、目についたものを手にとって使った
り、おすすめいただいたものを試したり。
写真のものは少し高価なオイルで、スパ
イシーな味わいが気に入っています。
サラダやお刺身にかけたり、ただバゲッ
トを浸して食べたりするときには、この
スパイシーな、ほんの少しピリッとする
ような刺激がよく合います。
いろいろなものを使うと、一言にオイル
といってもそれぞれに味わいがあること
がわかりますよ。

ソース

○ トリイ中濃ソース [鳥居食品]
○ トリイウスターソース [鳥居食品]
静岡で仕事をしたときに地元のもの
をと、手土産にいただいたソース。
それ以来このボトルを見かけると手
に取るようになりました。ソースも
スーパーに並んでいるものを端から
使ったりしているけれど、まだ絶対
にコレがいいというものに出合えて
いないのか、どれもそれぞれにおい
しいから、むしろ決め込む必要がな
いのかなと思ってます。

しょうゆ

○ 濃口しょうゆ 紫歌仙 [大久保醸造店]
○ うす口しょうゆ 紫大尽 [大久保醸造店]
長野の友人から紹介され、つくり
手にも会いに行くほどファンに
なったしょうゆ。お刺身がおいし
くなった、煮物の味がこっくりし
て色がしっかり染みる、てり焼き
などのてりてりのしょうゆ色が
きれいなど、家族にも好評を得て、
20年以上使い続けています。

◉ メインになるおかず

◉ ご飯・麺・パン

◉ 甘いもの

INDEX ここから好きにピックアップしていただいても。

飛田和緒　ひだ・かずを

料理家。家族3人で海の近くに暮らす。近所でとれる丸々太った活きのいい魚や、朝どれの野菜、もぎたての果物など、季節のものを慈しみ、それを家族や友人たち、仕事仲間のみなさんとおいしくいただくことに尽力する日々。シンプルでかんたん、必ずおいしくできるレシピが大人気。
Instagram @hida_kazuo

デザイン　有山達也
撮　　影　齋藤圭吾
装　　画　ひらせあつし
編　　集　赤澤かおり

ごはんできたよ！ 今日、
何作ろう!? 何食べる!?
ある日の献立、つまみと
おかずとごちそう、〆も
一五〇品

2021年11月30日　第1刷発行
2022年 1 月30日　第2刷発行

著　　者　飛田和緒
発 行 者　橋田真琴
発 行 所　朝日新聞出版
　　　　　〒104-8011　東京都中央区築地5-3-2
　　　　　電話 (03) 5541-8996 (編集)
　　　　　電話 (03) 5540-7793 (販売)
印 刷 所　株式会社シナノパブリッシングプレス

©2021 Kazuo Hida
Published in Japan by Asahi Shimbun Publications Inc.
ISBN 978-4-02-334049-7